乡情

一个基层干部眼中的“三农”问题

毫不夸张地说，从1981年农民回归到家庭耕作开始，农村这三十多年的变化是全方位的，是一个变革与文明的立体过程。

何鸿政 著

蘭州大學出版社

图书在版编目(CIP)数据

乡情:一个基层干部眼中的“三农”问题/何鸿政著.
兰州:兰州大学出版社,2009.7
ISBN 978-7-311-03362-0

Ⅰ.乡… Ⅱ.何… Ⅲ.①农业经济—研究—中国②农村经济—研究—中国③农民—问题—研究—中国 Ⅳ.F32 D422.64

中国版本图书馆 CIP 数据核字(2009)第 105058 号

策划编辑 敬兆林
责任编辑 马继萌
封面设计 管军伟

书　　名 乡情——一个基层干部眼中的“三农”问题
作　　者 何鸿政 著
出版发行 兰州大学出版社 (地址:兰州市天水南路 222 号 730000)
电　　话 0931-8912613(总编办公室) 0931-8617156(营销中心)
　　　　 0931-8914298(读者服务部)
网　　址 http://www.onbook.com.cn
电子信箱 press@lzu.edu.cn
印　　刷 兰州德辉印刷有限责任公司
开　　本 880×1230 1/32
印　　张 7
字　　数 103 千
版　　次 2009 年 7 月第 1 版
印　　次 2011 年 6 月第 2 次印刷
书　　号 ISBN 978-7-311-03362-0
定　　价 11.50 元

何鸿政，1965年7月生于甘肃庆阳，中国人民大学研究生结业，公务员，甘肃省作家协会会员。1984年开始发表作品，在国家、省、市级刊物发表理论文章、专业论文近百篇，出版著作多部。

序一

中国目前正处在全面建设小康社会的伟大进程中，伴随着这个伟大进程的是社会城镇化、工业化水平的进一步提升。而在此过程中，占全社会人口总数80%的农民兄弟何在？何难？何求？这是中国的执政党时刻都在考虑，并且正在一步步探索解决的重大问题。许多社会科学工作者对此也提出了中肯而有见地的意见和观点。

我和何鸿政过去不熟悉，但知道他出身农家，在基层工作多年，现在是某市涉农部门的一名负责同志，他在工作之余奋发著作，早年出版过《实用池塘养殖技术》，近年出版了诗集《走过森林》、散文集《你好，莱茵河》。最近他又完成了纪实性文集《乡情——一个基层干部眼中的“三农”问题》。

改革开放之初，以“家庭联产承包责任制”为标志的农村深层改革全面调动了农民的积极性，促进了农村以及全社会的发展，为中国全面改革开放奠定了基础，是中国农村社会一次十分成功的重大变革，这种变革的成果有目共睹——住宅从窑洞变成了砖房、楼房；出行的工具从自行车换成了摩托车、汽车；饮食由匮乏单一走向丰富多样;生产从人力和畜力基本实现了机械化;通讯把村庄与村庄、村庄与城市的距离拉得更近……

但是，人类社会发展的车轮从来都是滚滚向前，一个规范发展的社会对体制机制的探索从来就没有停止过。不断探索问题、发现问题、解决问题是马克思主义唯物论的基本观点和重要方法,随着改革开放的深入推进以及市场经济的大潮涌动,当曾经在“希望的田野上”辛勤耕耘的农民开始抬头仰望田野尽头地平线上升起的楼房以及象征工业文明的烟囱时,他们再也不能满足于在脚下的二亩旱田上辛勤劳作,相当多的年轻人放下手中的锄头,扶妻携伴,别离父母,奔向远处的城市和工厂,“农民工”从此诞生,新时期的“三农”问题也日益凸显。

何鸿政奔走在中国北方的土地上,行走在乡间的村庄院落里,他用眼观察农民兄弟的生存状况,用耳倾听农民兄弟的呼声呐喊,用心感受农民兄弟的心理世界,并带着深厚的感情苦苦思索。土地,从来就是中国这个以农业起步和发展的国家的重要基础,也是占全国人口大多数的农民兄弟的生存依据。但在城镇化的过程中,土地的使用出现了诸多不可忽视的严重问题,对于这个问题,处于城郊的农民们感受最深。何鸿政贴心贴肉地体味着农民的感受,在《乡情》中他写道:土地是个宝,一旦农转非,便身价陡增,所以在城郊打土地主意的总是趋之若鹜。在现阶段城市化进程中,成千上万的农民涌入城市谋生,他们被认为是“外来人口”,虽然暂时工作和生活在城市中,但大多数人没有足够的能力和城市融为一体,他们最终还是要回到农村,在他们离开农村的这段时间,土地怎么耕种就成了一个大问题。经过多年的反思和实践,国家已出台了相关的土地流转政策。土地流转带来的诸多问题是作者思考和观察的焦点,他在书中不无忧患地写道:传统的土地承包经营方式,让一块块“皮带田”与规模生产和集约化经营的矛盾日渐上升。他感慨道:土地合理流转,说起来容易做起来难。

作者的视线始终没有离开“三农”。对于“农民工”问题他的视野更为开放,目光更为锐利,而他看到的问题和现实更加令人痛心和同情。《都说农民工不容易》是《乡情》中的核心章节,三个看似简单的标题(中国的农民工问题具有特殊意义;提起农民工,总是诉不尽的苦,道不完的难;让祖国大地上有关农民工的不和谐声音,少些,再少些),里面却涵盖着深刻的现实、沉重的思考和深厚的感情。整章有理有情,读来催人泪下,令人反思,又给人以无限期望。

作者又进一步对农民生存现状中的深层次原因和解决措施进行了深刻的思考和探索,他把视线深入到了中国农村的管理机构,于是有了《别拿村长不当官》的思考;如果说管理机制是外在的因素,那么文化才是来自心灵的因素，农村文化的现状如何，怎么样进一步深化和建设它，作者的思考为文化工作者提供了新的视角。

《乡情》是一部渗透着浓厚泥土气息，饱含着浓烈血肉感情和忧患思辨的倾情之作。仔细读来，全书随处可见真实的农村场景、可感的生活细节以及真诚的爱农情绪。作者在写作中夹叙夹议、前引后申，每一个章节都能给人留下生动而又深刻的印象，既有可感的现实审美，又有智性的冷静思考，是一部难得的关注“三农”问题的好作品，正因为此，我才倾心为序。

希望何鸿政不断努力，写出更多更好的作品！

[签名]

二〇〇九年五月二十一日

序二

时光的流水正好轮回到又一个新崭崭的四月。四月天总披一件悦人眼目的五彩艳衣。窗外，塬平坦得让心里畅快，油菜花恰恰开到最盛时，黄得浓艳，黄得夸张，瞅一眼云里雾里的，还带一种淡淡的亲近感，不像野花野草那样有距离感。油菜花之间，麦苗青青的正在长高，颜色之重也不逊色，绿得让人回肠荡气。村子里，树木支撑着枝丫在风中抖动着鹅黄的叶子。树下，一片片红瓦的屋檐间，鸡鸣犬吠。田地上，农人正在劳作，村边，一条高速公路刚刚开工，各种机械车辆来回穿梭，隆隆鸣响。窗内的木桌上，我翻开何鸿政先生《乡情》的手稿正读得很投入。在这乡村的实地实景中，何先生仿佛就坐在木桌的那一边，闪动着他那双和善的大眼睛，以他对“三农”问题的思考娓娓道来。渐渐地，我这双显小的眼睛里也闪出光亮来。何先生说他的长篇大论，我也吐露自己的随感随想。

一个家庭，兄弟五六人，其中一个很发达，腰缠万贯，汽车洋楼，身体特棒，红光满面，出入歌厅，灯红酒绿。你能说整个家庭富裕了？发达了？幸福了？快乐了？中国十三亿人口，农民占了八九亿，即使北京、上海、广州发展得比纽约、巴黎、伦敦还厉害，如果农村远远跟不上来，就不能说中国是世界第一富国！中国无论什么时候都应该把农民问题放在第一位。“三农”问题是重中之重。何先生独具慧眼，令我感动。

改革开放三十年以来，尽管我们的社会还存在着这样那样的病态，但说句不昧良心的话，说句掏心窝子的话，说句实事求是的话，整个国家、整个农村社会朝前发展了一大截。这是我作为一个地地道道庄稼人的最大感悟。在农村，就拿一个小小的蒸馍来说，二三十年前，我们吃的馍几乎全是玉米面、高粱面、糜子面蒸成的。麦面也有，但面里把麸皮也都磨了进去，蒸出来的馍倒比秋粮还黑。一年四季吃不上一顿白面馍，偶然吃上了，见了每一个人都像和自家有亲戚，都可爱。现在到农家走一走，饭时，看一看，家家盘子里的馍都一种颜色，雪花捏成的蛋儿，白亮白亮。不论哪一家，钱多钱少都一样。我们村有一位年过九旬的白发白须老汉说：“小时候天天盼过年，一年只能过一回年，如今一年要过三百多回年哩！”在农村这些年的变迁中，何先生比我更清楚，书中第一篇进行了全面详实的描述，小到一砖一瓦，大到汽车楼房，可见他是一个认真、严谨的人。

书中说到农村传统文化的缺失，何先生的思想和我一拍即合。许多传统的东西在过去都被打入“四旧”和迷信圈里加以铲除和清理，农村尤为严重。其实人们的文化精神需求是多元素的，就像人看风景画，需要山，需要水，需要蓝天，需要白云，也需要花，需要草。也拿过年为例，过去人们过春节，吃、穿、用和现在比不知要拙劣多少倍，但那时的年味浓，人们潜在的精神内力却比现在充沛、饱满。原因是那时的农民过年过得最传统。传统的东西很繁杂，也有些劳神；现代人节奏快，讲实惠，图省心，许多传统的东西就大砍、大劈，取繁从简。这样过年似乎确实比过去轻松了，但却太简单了。一简单，所有的趣味就黯然失色。一棵鲜花争妍的花树，本来很不错，有花有叶，有蜂有蝶，若有人嫌烦，除去花，除去叶，蜂不来了，蝶不来了，只剩下光秃秃的枝丫，你还能寻到情趣么？农村人过年，就应该敬神拜祖，烧香焚纸，点蜡供佛，锣锣鼓鼓，烟花爆竹，在大戏社火中蒙上神秘的色彩。有了这种神秘感，才会情趣盎然。

对于农民怎样过好春节，宁县文联主席南仁明先生可谓独具智慧。他每年都要在老家举办家庭春节文艺晚会。一个家庭近百人，吹拉弹唱，吟诗诵文，各显其能，十分活跃，十分快乐，十分有趣。这是一个很好的推陈出新的妙招。

何先生对于农村文化建设有许多创新的理念和精到的言论。文章直面现实，一针见血地揭开了乡村文化发展中的弊端，显露出一个文化官员对文化建设的真诚、执著和热爱。

关于土地问题，何先生虽深居城市，但他在书中却道出了农民的心声，同时也提出了一个社会问题。土地是人类生存的根本，就社会的持久发展而言，忽视土地去谈政治，去谈经济，去谈文化，那都是空论。试想，一方的经济发展不上去，那仅仅是一个大家缺钱花的问题，这一方十年、二十年不会出现大的问题。可是这地方一旦没了粮食，一日之内出现的问题就会大得让人束手无策，社会秩序立即会紊乱，会天翻地覆。这时，任何高论，任何号召都苍白无力，无济于事。何先生提出的土地问题，也是我深深忧虑的。中国的人口这么庞大，十三亿人口，数字庞大得惊人！而这些年的建设和发展，使本来很有限的土地大量流失，这个问题早该警钟长鸣。但是，部分领导干部、决策人士还把比黄金还珍贵的土地视如泥土，肆无忌惮大加吞食、侵占。本来权衡利弊，侵占良田对一方人的持久生存就是千古罪人。可这些人只顾眼前的利益，不停拨打着小算盘，计算着自己心中的小九九，头脑清清楚楚，却要装糊涂，瞎搞一气。难道老祖宗给我们留下的宝贵土地，在我们这一代人的眼皮底下，从人均几亩地挥霍不到人均几分地决不罢休？我们的后辈人还生存不生存？我常常欲哭无泪。读了何先生的文章，找到了知音，一时热泪盈眶。

何先生在书中也谈到了村官，见地也很独到。村官实际上在农村就是农民眼前党的形象。选举一个德才兼备的人当村官，对党的形象、党的事业都至关重要。可目前的村官，管理松散，几乎没有相应的监督机制。村官的问题，群众反映到县上、乡上，迟迟得不到处理。而五年六年过去，村官还是原来的村官，还在犯错误。群众的积极性一挫再挫。许多群众已变得麻木了，放弃了一切发言权，甚至悲观失望。正义感正在民间悄悄散失，这也是一个深重的社会问题。

何先生是一个从农村走出去，并在城市里工作了二十几年的官员，仍然这么关注农村，关注“三农”问题，依然还保持着一颗朴实的心，十分难能可贵，令人敬佩！

农民作家：索新存

二〇〇九年五月三日

目 录

第一篇

从故乡的沧桑巨变看中国农村三十年的发展

一、住宅:窑洞变砖房、楼房 / 4

二、出行:自行车换摩托车、汽车 / 9

三、饮食:从匮乏单一走向丰富多样 / 12

四、耕作、收获:从人力和畜力到基本机械化 / 17

五、通讯:把村庄与村庄、村庄与城市的距离拉得很近 / 21

第二篇

当前农村土地问题

一、失去了地,农民的心像吊了起来,总觉得空落落的 / 28

二、土地是个宝,一旦“农转非”,便身价陡增,所以在城郊打土地主意的总是趋之若鹜 / 31

三、传统的土地承包经营方式,让一块块“皮带田”与规模生产和集约化经营的矛盾日渐上升 / 36

四、土地合理流转,说起来容易做起来难 / 44

第三篇
都说农民工不容易

一、中国的农民工问题具有特殊意义 / 55

二、提起农民工，总是诉不尽的辛苦，道不完的难 / 60

三、让祖国大地上有关农民工的不和谐声音，少些，再少些 / 73

第四篇
别拿村长不当官

一、村长的权力有多大 / 80

二、还权于民，让村民自主选择村长 / 92

三、关怀村干部应全方位着力 / 98

四、大学生村官：折射中国乡村治理新动向 / 104

第五篇
让文化在村庄觉醒和复苏

一、"草根文化"在农村日益繁茂 / 114

二、年味变淡拷问农村传统文化的丧失与扬弃 / 121

三、理性看待农村公共文化服务体系建设 / 128

第六篇

热点思考

一、减少农民:实现农村全面小康的现实选择 / 141

二、关注身边的农民工 / 146

三、充分尊重农民的生产自主权 / 150

四、农村经济结构调整要以促进农民增收和拓宽就业空间为主线 / 154

五、努力打造“农民想要”的乡镇政府 / 160

六、一份无意中看到的村工作总结 / 167

七、让解决民生问题的礼包真正落到农民手中 / 174

第七篇

下乡手记

一、后河村 / 181

二、天池一日 / 183

三、父亲的花房 / 189

四、蹦蹦车问题 / 191

五、挥之不去的旱情 / 194

六、陪母亲走亲戚 / 198

七、慧艳 / 202

后记 / 207

第一篇

从故乡的沧桑巨变看中国农村三十年的发展

毫不夸张地说，从1981年农民回归到家庭耕作开始，农村这三十多年的变化是全方位的，是一个变革与文明交融的立体过程。

从故乡的沧桑巨变
看中国农村三十年的发展

由于历史、地理等原因，西北地区在中国经济社会发展进程中总是慢着节拍，普遍缺水的农村更是如此。

我出生在甘肃庆阳市西峰区温泉乡，距庆阳市中心只有5公里路程，确切地说，应该属城郊。从20世

二十年前，许多农村孩子放学后还得去放羊。

纪60年代出生到现在，除两年多时间求学在外身处遥远，可以说四十多年来我距离家乡很近，我的身影隔三岔五出现在老宅周围，出现在绿油油的农田或村子的黄土小路上。故乡每一处细微变化都牵动着我敏感的神经，这不只是因为我出生在这里，儿时的困惑和乐趣留在这里，父母、兄弟们在这里耕耘、生息，对这里的一草一木有着割舍不断的情感。更重要的是，作为广大农村的一部分，在展现自身新气象的同时，这里正经历着一场终结与新生并行的历史性变革。这一变革引人关注。

毫不夸张地说，从1981年农民回归到家庭耕作开始，农村这三十多年的变化是全方位的，是一个变革与文明交融的立体过程。

一、住宅：窑洞变砖房、楼房

庆阳方言把住宅叫地方，“有钱花在地方上”是这里流传久远的俗语。说明庆阳人对住宅是非常讲究和看重的，家境富裕不富裕，看过住宅便一目了然。几千年来庆阳民居都是以窑洞为典型住宅，《太平御览》云：“上古皆穴居，北方人穴处，古之遗俗也。”窑洞的历史可以追溯到夏周时期，据史料记载，周先祖初上董志塬时，居民们住在潮湿拥挤的地窝子里，经常遭、到洪水和野兽的侵袭,一点也谈不上什么安全感。先祖鞠陶和公刘悉心“教民稼穑”、“陶复陶穴以为居”,董志塬遂开始出现了大量的土窑洞。窑洞不仅改变了人们的居住条件,而且大大提升了生活的文明程度。

我老家虽距小城市很近,但由于地处残塬区,三面临沟,五百多户,两千多口人,20世纪80年代之前百分之八十的人家都住土窑洞。区别在于有些住在临沟取土挖成的崖庄院内,有些住在从塬心向下挖土形成的地坑院内。房厦在这片五千多亩地块的残塬上屈指可数。从先祖自山西大槐树移民至庆阳,我们的祖祖辈辈都在土窑洞里繁衍生息。为了自慰,那些日子

在农村,窑洞正在变成历史。

我们的祖辈曾极力鼓吹土窑洞的好处，什么“冬暖夏凉”，什么“经济实惠”等等。现在回过头来看，作为民居，土窑洞有它的地域特色和优点，但潮湿、不通风、卫生差、出行不方便等种种弊端最终导致它必然被农民放弃，被时代淘汰。

家乡住宅的革命性变化是从中共十一届三中全会以及农村家庭联产承包责任制后开始的。之前，虽然新中国让广大农民获得了土地，思想和人身获得了极大的解放，那时的现实是社会主义建设正处于起步和探索阶段，体制障碍依然使贫穷和落后与农民如影随形，中国农民仍然在为最基本的生存——吃饭、穿衣而愁眉难展。家乡自然不能例外。

现在的家乡满眼是白墙红瓦。全行政村住土窑洞的剩下不到十户。绝大多数房子都是砖砌墙，瓷砖贴面，石膏吊顶，铝合金或钢门窗。近几年新盖的房子更是水泥椽屋架，瓷砖铺地。大多数人家都是上房五间，偏房或厢房三间。

值得一提的是门楼子。陇东人对门楼子很有讲究，现在条件好了，更是讲究得离奇。他们认为门楼子是住宅的门面，是外包装，一定得气派，许多人家修个门楼子都得花费一万元左右。

天福是我儿时的玩伴，现在从事旧汽车交易。他把门楼子全部用红钢砖贴了面，高大的门楼子加上气派的大门，让我每次回家路过时都不由得要啧啧赞叹一番。

2005年，我们村被庆阳市确定为小康建设示范村。2006年又被确定为小康农宅建设示范点。王咀自然村率先响应，在国家每户补助五千元的基础上，八户农家每户再筹资九万元，两三个月时间八幢别具陇东风格的别墅就排列整齐，如同八个孪生姐妹风姿绰约地站在郁郁葱葱的原野上。参观过的人，不论是上级领导，还是普通农民，不禁被新村的美丽深深感染：

农民对住宅环境要求越来越高。

农民的居住条件越来越好。

现在农民真好！

还有更好的，“楼上楼下，电灯电话”是解放初期广大农民对幸福生活的美好憧憬，那时还被当做共产主义的远景描绘。几十年过去了，今天这些梦想已经成为现实。我们自然村50来户人，现在已盖起了5栋两层楼别墅。最好的要数我堂兄鸿录家。他这几年全力经营7亩苹果园，还搞保鲜贮藏，当经纪人。由于他人勤快，头脑灵活，每年卖出的果价总比别人高，几年下来积攒了三十多万元钱。去年，他一狠心拆了旧房，盖起了两层楼，建筑面积近300平方米。他性子强，建筑材料要最好的，一顶水晶吊灯几千元也舍得买。今年过年时，他给我一笔一笔算收入支出账，自豪描述

在一些乡镇，村村通油路已经变成现实。

他的宏伟设想。他虽然双手粗糙，满脸沧桑，但幸福之情溢于言表。

二、出行：自行车换摩托车、汽车

1978 年至 1981 年，我那时正在温泉中学上初中，3 公里的路程每天要徒步往返 3 个来回，放学回家都是一路小跑，吃完饭碗一推就赶忙上学，就这样还常常迟到。那时，绝大多数同学和我一样，看到个别家境好的同学骑着自行车，我们都非常羡慕。

自行车对当时的农家来说是个大件，虽然大部分人家都有一辆，但要么是舍不得骑，要么是家庭成员谁的事重要谁骑。女方结婚提出要三大件（自行车、手表、缝纫机），在当时已是很有分量的彩礼了。

我们家那时也有一辆旧"飞鸽",当时父亲在大队当农技站站长兼信用社代办员,大哥和我对骑自行车就从来没有奢望过。直到上了高中我才偷着学会了骑自行车。

记得有一年,我们家来了两个工作人员,吉普车送来的,其中一位是县委副书记,那个场景深深印入了我的记忆里。人家活得多气派啊!

有一个笑话,当年一位领导坐了辆伏尔加轿车下乡,孩子们围了一圈看稀奇。因为车前后一个样子,有个孩子就问:"叔叔,这车哪里是头,哪里是沟子(屁股)?"司机说:"别急,车一开就清楚了,冒烟的肯定是沟子(屁股)。"直到现在还有人用这个故事开抽烟人的玩笑。

马克思说过:"经济的因素是第一的,其他都服从于它。一切精神的东西都取决于经济的因素。"我们没有理由取笑孩子们的无知, 在那个物质匮乏的时代,小城市的汽车都是有数的,农村的孩子一年之中又能看到多少小汽车从眼前开过。

我国改革首先从农村开始,农村的变迁与中国社会的发展是一致的,在某种意义上,它甚至走在了其他改革的前头。改革开放的三十年,是农村生产力解放的三十年，也是古老的土地不断焕发生机和神奇的三十年。这三十年中，农民自身也发生着骤变，他们的思想、观念发生巨变的同时，生活水平也发生了历史性的变化。

今天回到老家，看到骑自行车最多的是上学的孩子，他们成群结队，说说笑笑。上中学的骑自行车，上小学走一公里也要骑自行车。看着八九岁的孩子骑着自行车疯跑，有时小孩子骑车，后座上还要带着一个大孩子，除了担心外，更多的是感叹时代确实变了。

青年和中年人基本上都是驾摩托车出行，村里人都说，现在家家都有摩托车，有些人家自行车常年没人骑，已闲放生锈了。

今年春节回家，我惊奇地发现一贯节俭小心的叔父也骑上了一辆崭新的踏板摩托。我问叔父："你都65岁了，骑摩托不怕？"他说："别人能骑，我就能骑。社会进步了，现在车好路好，怕啥。"

当城市私家车渐渐成为时尚的时候，富裕的农民也悄悄把私家车开回了家。过年的时候，村主任掰着指头一家一户给我算，目前全行政村有小汽车近20辆，仅我们一个自然村就有私家小汽车6辆。

公交车也开进了农村，现在每隔一个小时就有一班公交车从家门口开过。付2元钱就能到达市区,许多乡亲们干脆连摩托车也不愿骑了, 坐公交车多方便,风雨无阻,来回4元钱无非少买一包烟。

当然,目前的中国,乡村与城市仍然有较大的差距,不过农村有农村的诱人之处。长期生活在城市的人乍一到农村,看到空旷的山野,一定会从内心由衷感叹:如此安静而无纷扰的家园,没有城市的喧嚣和快节奏,人们又是如此的单纯淡泊,少了许多竞争、许多名利,怎么不叫人留恋?何况日益富裕的乡村正骑着摩托车、驾着私家车向着繁荣和富庶全速飞奔呢!

三、饮食:从匮乏单一走向丰富多样

有学者认为,汉文化是吃出来的,或者说饮食文化是中国文化的源,其他都是流或派生物。这个观点是否正确,我无法评判。但有一点是肯定的,这就是饮食文化在中国传统文化中居于重要地位。两千五百多年前孔子就说过:“食色性也。” 中国还有句老话,叫“民以食为天”。就是说,吃饭这事,有天那么大。既然以食为天,则“悠悠万事,唯此为大”,甚至“普天之下,莫非一吃”。

事实上吃饭在中国,从来就是头等大事。既是政府的头等大事,也是民众的头等大事,国人见面的第

一句话，往往就是“吃了没有”。

中国人的这种问候习惯，多半怕是饿出来的。

祖父母就被民国18年的年馑饿怕了。小时候我们不经意间浪费点粮食，祖父母就会瞪着眼睛讲民国18年的故事，直讲得我们唯唯诺诺，连忙认错才肯罢休。

我曾特意翻阅了《庆阳近现代史》，对祖父母提之色变的民国18年历史看了又看。史云：“1929年，甘肃遭百年未遇的连年大旱，受灾面积达50多县，尤以陇东为重。据南京政府内政部长薛笃弼视察甘肃灾情后电告刘郁芳称：陇东‘迭遭兵匪，庐舍荡然，釜罄如洗。草根树皮，挖掘殆尽。死亡之余，或卧疾不起，或赤身无衣，此种奇灾，历所未有’。他向南京政府行政院的报告称：甘肃有灾民‘二百四十余万人，陇东面粉每百斤涨至银币二十五元’。在民国18年这次大灾中，单是庆阳就死亡二三十万人，区内田庐漂没，村落焚毁，树皮草根，俱已食尽，人相争食，死亡枕藉。”

经历这一场惨绝人寰的大年馑，对饥饿能不记忆犹新吗？

1962年也让父母真切感受到了饥饿的可怕，虽说那是“大跃进”和人民公社化运动期间的“浮夸风”、

“共产风”、“瞎指挥”把广大农民拖入了十分困苦的境地，更多的是人祸而非天灾，但毕竟饿死了许多人。我们自然村就饿死了3个人，他们与我们或是亲戚或是邻居，每每忆起此事，父母总是叹息不已。

这只是两个超乎异常的让人对饥饿有过切肤之痛的例子。上溯25年，可以说农民对吃的渴望从来就没有真正被满足过。平日粗茶淡饭，平平淡淡是农民的传统，所有的口福都攒到过年。“宁穷一年，不穷一天。”农村人是这样说的，年也是这样过的，这没有对错，只是一种集体无意识。对富裕者来说，过年吃好几顿是享受自己的劳动成果；对贫穷者来说，过年吃好是慰问自己亏欠了一年的胃。

在我褪色的记忆里，家庭联产承包责任制实行之前，绝大部分年都是在拮据与困窘中度过的。七八口人的家庭，没有鱼肉、牛肉、香肠、火腿……单靠生产队分的三五斤猪肉，怎能填平馋了一年的欲望。有一年，生产队只分了三斤猪肉，母亲病了，大年三十还没人做饭，我们兄弟4人蜷缩在土炕上，父亲一脸愁容。更要命的是初三就得上工地修农田。那是怎样一个心酸年呀？

岁月如歌，冬去春来。

今天，中国的普通农民感受最深的莫过于自家餐桌的变化。无论你身处城郊，还是远居山区；无论平时，还是节日，洋芋、白菜、萝卜早失去了当家菜的地位。回到老家，从一日三餐中就能明显品味出：生活正在变得越来越美好。

家家主食都是细米白面，粗粮基本上做了饲料。

大部分时间吃菜靠自种自给，逢干旱或冬季蔬菜短缺季节，相当多的农家也和城里人一样舍得花钱买新鲜菜吃。

想吃肉就上集市或上街去买，有时大肉比蔬菜还便宜。

过去每顿饭都想要有荤菜解馋，现在是离不开素菜解腻；困难时期吃伤了的小杂粮，时不时被农家妇女们当做美味端上饭桌。

过去乡里人眼馋城里人吃得好，把进城下馆子打牙祭当成美事。现在城里人羡慕乡里人吃得清淡，健康，有营养。

事实上乡里人在吃嘴巴事儿上，就是比城里好，自家种的蔬菜，比城里买的放心，一没有化肥，二不怕农药残留。养的鸡猪也是“纯天然的”，一没喂生长素，二没喂瘦肉精。不用担心注水肉，更不用担心苏丹红、漂白粉、吊白块、甲胺磷等乌七八糟的添加剂、防腐剂和色素。

要不节假日乡下的“农家乐”怎那么火爆！

随着年龄的增长，我的乡土情结也日益浓重，隔三岔五要回老家转转。节假日只要提前打个电话，母亲肯定早早做好了香喷喷的棒棒面或洋芋糊糊面等着我。

今年过年，我们兄弟四个聚齐了。表弟表妹们打来电话说初二要给父母拜年，我们正议论怎么接待，几个媳妇连忙接茬儿说：“啥都有，吃的不要你们管，你们几个只管陪人打麻将玩，招呼客人把酒喝好就行了。”到了初二，她们几个果真搞得非常丰盛，客人来了先吃饸饹面，然后又是凉菜、热菜三大桌。

有统计表明，乡里人的幸福指数比城里人的要高。对这一结论，有质疑的，有责难的，有嘲讽挖苦的，而海外的某些舆论则认为这是中国“一号恶性强奸案”。某先生在某报上更是气愤地喊：“农民凭什么比城里人幸福？”

抛开这个结论真伪，有一点是肯定的，农村人比城里人吃得确实更健康。

经济的发展给农村人餐桌上带来的变化才刚刚

开始。专家分析，这种变化必将改变传统的饮食观念和习惯。尽管目前物价上涨，老百姓有时不免发几句牢骚，但他们自己都承认：涨归涨，嚷归嚷；买归买，吃归吃，都吵着东西贵了，可桌上饭菜还是一天比一天丰盛了。

四、耕作、收获：从人力和畜力到基本机械化

几千年来，耕田种地一直被当成是农民的本分和正业，它让农民和土地紧紧连在一起，广大农民把耕作技术作为立身之本代代相传。无耕作，就难有收获；没有收获，农民就没吃没穿，从这个意义上看，农民的喜怒哀乐就是田间劳作的喜怒哀乐，而农民的解放首先得取决于耕作技术的革命或进步。

上世纪60年代之前，中国农村几千年的耕作传统都是人拉畜犁，这虽然比原始农业时期的刀耕火种有了质的飞跃，但它没有从根本上把农民从繁重的体力劳动中解放出来。

我懂事时已到了人民公社后期。那时，一部分大队和生产队有了拖拉机，除了零散地块或山坡地，大部分耕地实现了机耕。但农村中耗用劳力最多，最苦最累的收割打碾仍然得依靠人力。每到麦熟抢黄天季节，青壮年挥镰收割，老人、孩子用架子车连忙往生产队大场回运，一个生产队劳力上齐，也需要忙活近一个月。凭想象，那一定是一幅热闹而壮观的集体收割图，只有曾经身临其境的人，才能品味出其中无比的辛劳。打碾更是拖延无期，有时到了春节麦子还没有碾完。这中间还要晾晒，摞麦摞。如果运气不好遇上十天半月连阴雨，再好的麦摞也得搬开重晒。

在那些艰苦岁月里，农民对城里人是非常羡慕的，城里人穿得好，干净；吃得好，饭里经常有肉；工作舒服，不用面朝黄土背朝天，日日挥汗如雨。而“农转非”成了当时农村进入城市的唯一跳板，为竞争一个“农转非”指标，人们真可谓挖空心思，什么招都想支。

从新中国成立，到家庭联产承包责任制推行，再到改革开放不断深化，新中国农民已经风风雨雨走过了半个世纪，今天农村又是一幅什么样的耕作收获景象呢？

春天，陇东大地艳阳高照，晴空万里，草木吐绿，万物复苏。绿旺旺的麦田里，手扶拖拉机在“突突突”地播施化肥，偌大的地块只看到一两个忙活的人影。到外地，进城里，打工的青壮年早都离开了村子。有苹果园的人家，三三两两在静悄悄地剪枝、施肥、松土。去年种植大秋或小秋的倒茬地已被机耕，湿漉漉的黄土显得疏松而干净，在上面躺一躺，跳一跳，一定能体味到厚厚的海绵似的感觉。

号称“永嘉四灵”之一的南宋诗人翁卷曾用“绿遍山原白满川，子规声里雨如烟，乡村四月闲人少，才了蚕桑又插田”来描写江南农村的春景。其实，春天是相同的，陇东大地也到处绿意盎然，莺歌燕舞。不同的是过去春耕生产全部依靠人力，现在则主要靠使用农业机械；过去需要忙活十天半月的农活，现在一天或半天就能做完了。如果诗人翁卷地下有知，一定会感叹世道变了，现在是“乡村四月忙人少”了。

夏天，董志塬麦浪翻滚。放在过去，农家们这时已开始拉起碌碡净麦场，收拾麦镰、钗把、木锨、扫帚，有些钱不敢花了，有些远门不敢出了，家家都忙着为收割、打碾做各种准备。

现在，眼看麦子一天比一天黄，除了准备麻袋，村里一家比一家悠闲。不闲才怪，到街上或村口一看就会全明白，一溜儿联合收割机都在等候顾主，只要上前一搭话，半把个小时三五亩麦子就装到了麻袋里，这就是抢黄天，简直就是一个快镜头。

刚参加工作那阵子，每年夏收我都要请一周假，回家帮父母收割打碾。现在当我记起该打电话问麦黄了没有时,父母更多的回答是早收拾妥当了。

秋天,到处都是沉甸甸的样子,黄豆熟了,玉米熟了,谷子熟了,红红的苹果压弯了枝条。我们村子是有名的无公害苹果基地,3000 亩果园连成一眼望不到边的森林。看着园子里红彤彤诱人的果子,家家手脚麻利,赶忙叫收割机或者雇人把块不大的玉米或豆子或谷子收回来;赶忙叫拖拉机或用脱粒机打碾;赶忙晾晒;赶忙入仓或者拉到集市上去粜。然后集中精力采摘、分拣、出售或贮存苹果,这才是他们一年最喜悦和最有心劲的时候,当一万或两万或三万五万钞票揣进腰包的时候,他们才长长地出了一口气,这一年又没白忙活,又能过个好年!

在耕作和收获日益机械化的同时,以单家独户作为生产单元的农村又面临新的现实问题,这就是一小块一小块"皮带田"导致的小规模生产方式,极大地制约了耕作和收获方式的进一步变革。

许多农业和畜牧业发达的国家, 都实现了机械化、规模化农场经营。澳大利亚广泛使用机械耕作与收获,农场的经营规模一般在 3 万亩左右,一家农场拥有的劳力只有 2~3 个,而经营效益却很高。

毛泽东早就说过:"农业的根本出路在于机械

化。"今天看来,这句话不失为真理。如何采取集约化方式,实行规模经营,是中国农业机械化、耕作现代化的一个方向。尽管如此,农村迈向机械化的脚步仍然让人欣慰,机械正在农村耕作和收获中发挥着越来越重要的作用。

五、通讯:把村庄与村庄、村庄与城市的距离拉得很近

和城市一样,农村近几年发展最快的是通讯。掰起指头算,从固定电话到手机流行仅仅只有五六年时间。而这几年,正是中央全面实施惠农政策,是有史以来农民得到实惠最多的几年,从免除农业税、发放种粮补贴、减免农村义务教育阶段学杂费到建立新型农村合作医疗等等,农民每年都能收到国家奉送的几个民生大礼包,日子越过越有滋味。

日子好过了,目光就会自觉不自觉地向城市看齐。

作为文明和现代化的标志,快捷的通信曾让城市人自豪,也让农村人无比向往。记得20世纪90年代初,港台电视剧里大哥大、移动电话在家庭生活中频频亮相。当时我就暗暗想,什么时候我们也能拥有移动电话,那才叫生活有质量,才叫气派。

曾几何时,手机已进入城市寻常百姓家,除了小学生,家家几乎人手一机。小灵通、大灵通……三星、摩托罗拉、诺基亚……品牌琳琅满目，功能日日翻新。

富裕了的农民也不甘落后,先是跟上“村村通”工程装固定电话,后是学着城里人腰里别上手机要派。

有一首网络歌曲唱到:

我赚钱啦赚钱啦,我都不知道怎么去花;

我左手买个诺基亚右手买个摩托罗拉;

我移动联通小灵通一天换一个电话号码;

我是个农民,我却一点都不比城里人差;

……

客观地讲,除了经商、打工和有子女在外求学的家庭,电话对农民的生活影响并不是很大。有些农民每月交的话费构成中,基本上都是月租费,通话费很少。有些农民虽然拿着手机,却很少有电话接入。

据我回乡观察,老家电话最大的用途是过红白事时通知亲戚、朋友。这要放在过去,可真是件麻烦事。遇上婚嫁满月等喜事,得提前好长时间,或捎话或骑自行车或步行去挨家挨户请。遇上丧葬事,哪怕数九寒天,也得催动本家年轻人分几路去跑。就这样,许多亲戚还是无法及时通知。

现在好了。想请谁，坐在热炕头上电话随便一拨，市外、省外、国外都能通知到。

那年我去西欧考察，怕年迈的父母牵挂，在威尼斯花 10 欧元买了张“商旅一卡通”，每到一个国家，就给农村的父母电话报一次平安。父母高兴，我也一路轻松。想一想，农村装上电话，确实是件大好事。不但联系方便了，而且能把亲情拉得很近。

父亲拿上手机已两三年了，除了我们常年在外，经常打电话去问候外，基本再没有电话接听，所以也不常带在身上。今年过年时，母亲提出也要买个手机，我说母亲您要手机没用。母亲却说：“家里近二十口人，除了几个学生，大人都有手机，我也应该有。”说得我们全家哈哈大笑。

二十多年来，农村发生的变化是全方位的，用几千文字难以全景式地描绘这片村野翻天覆地的嬗变和新生。

正如一本书中写道：“新世纪的中国农民正向着富裕奔进，他们正在连接着城市，连接着现代文明，他们正在以与过去完全不同的面貌向着现代化奔进，他们的生产和生活正处在一个与过去的贫穷和落后说再见的转变期,一个告别过去和迈向未来的开端。”

尽管我国农村经济二十多年来有了突飞猛进的发展,但我们距离小康目标仍然有较大差距。

2007 年 1 月 29 日,新华社受权播发了《中共中央国务院关于积极发展现代农业扎实推进社会主义新农村建设的若干意见》,这是 2004 年以来连续第 4 份指导“三农”工作的中央 1 号文件。文件中用三个“依然”概括了“三农”现状:“农业基础设施依然薄弱,农民稳定增收依然困难,农村社会事业发展依然滞后。”

从总体上看,我国农业基础不牢、农业装备落后、农民增收困难、城乡经济社会发展差距拉大的局面还没有根本改变。

农业丰则基础强,农民富则国家盛,农村稳则天下安。

由此看来, 建设社会主义新农村依然任重而道远。

第二篇

当前农村土地问题

几千年的封建历史反复证明，社会稳定与否，是要看农民稳定与否，而农民稳定与否，关键要看土地是否真正掌握在农民手中。有地种，则农民稳，农民稳则农村定，农村定则天下安。

当前农村土地问题

土地是农民的命根子！过去如此，今天依然如此。

几千年来，一代又一代农民为了生存，面朝黄土背朝天，日出而作，日落而息。可以说，我们脚下的每一寸土地都浸透了农民的汗水，都寄托着他们对生活的无限希望。活着，在土地上辛勤耕耘，死后，入土为安。这是每个传统意义上的中国农民绕不开的人生轨迹和精神依托。

几千年的封建历史反复证明，社会稳定与否，是要看农民稳定与否，而农民稳定与否，关键要看土地是否真正掌握在农民手中。有地种，则农民稳，农民稳则农村定，农村定则天下安。

道理似乎人人都懂，但现实是关于农民失地的新闻报道和征地拆迁引发的矛盾冲突却此起彼伏，大有愈演愈烈之势。

某市汇总 2007 年 1 至 5 月份信访情况时发现，土地征用补偿、拆迁安置类案件占到信访总量的

17.5%,成了相对集中的热点问题。一些农民因土地问题集体上访、重复上访、越级上访,甚至采用了围堵党委、政府大门和办公楼等过激手段。

一、失去了地,农民的心像吊了起来,总觉得空落落的

2007 年 5 月我们曾接到过国家信访局转来的一份信访督办函,函称:"某县新集乡牛心行政村部分农民来信反映,他们居住在一座水库上游,由于近年来水库不断加固加高,致使蒲河水位逐年上升,土地被淹,庄稼绝收,房屋由于潮湿面临塌陷等,请求解决。"接函后我们很快组织人员赴实地进行了调查,发现水库库尾淤泥确实已延伸至距坝轴线 35 公里的新集乡牛心行政村华山岭自然村,这一区间的老河床几乎全被泥沙填平,剩余河槽过流能力不足 2 立方米/秒,受洪水袭扰,两岸农田年年受淹,岁岁成灾。牛心村共 89 户 370 人的 525.2 亩川台地无法耕种, 而这些耕地都是 1982 年农村联产承包责任制推行时分给农民的承包地,是川区群众赖以生存的口粮田。该村慕家山自然村村民许润学原有 8 亩耕地, 有 4.2 亩台地就被洪水所淹。马连山自然村刘沛然说他门前 6 亩河滩地现全部置于淤泥下,台上原有的 1.2 亩果园早在 2004 年就被洪水漫了。新集乡党委梁书记介绍说:因失去耕地,庄稼绝收,三个自然村的群众生活已极端困难,每年青黄不接的季节,村民的生计只能靠政府救济维持。同年6月,乡政府刚刚给49个特困户每户送去了2袋救济面粉。

牛心村的农民告诉调查人员,当他们口粮出现极大缺口时,也曾多次寻访县、乡两级人民政府,都没有得到妥善解决。如今,放眼河两岸,地全成了烂泥滩。因封山禁牧,不能养羊,没草没料,不能养牛。大部分家庭经济收入断了来源。在这种情况下,年富力强者只好靠外出务工挣几个钱糊口,老弱病小者只有苦守家中。参与调查的人回来说,他们接触到的农民脸上都写满了悲怆和激愤。

这只是一个因水库淹没及淤积造成农民失地的普通事例,没有强权和暴力的痕迹。事实上,许多农民失地都与非法与强制性征地有关,由此引起的农村土地纠纷已取代税费争议而成为目前农民维权抗争活动的焦点。

2004年3月,某物资公司为了追求经济利益,未经办理建设用地审批手续,擅自占用某村集体所有耕地10662平方米,打造水泥地坪8680平方米,房屋设施 476.18 平方米，造成被占耕地种植条件严重毁坏。虽然问题后来得到了处理，但耕地一时却无法恢复。

赵小龙也属一个征地拆迁户。他家住在一望无际的大塬上，又位居城郊，条件得天独厚，正当他谋划在土地上大做文章一展宏图的当口儿，村里的土地逐渐被征用了。先是几亩，十几亩地被征。那时征地补偿费标准低，但一口人能分到几百、上千元钱也是值得激动和高兴的事。后来，地越征越多，他们开始不踏实了。2004 年油田要建生活基地，一次征地二百多亩，需要搬迁十多户村民。为了征地和拆迁顺利，油田方面给村民承诺了十多项优惠政策。这次征地动静大，人均耕地由 3.74 亩一下子降到 0.25 亩，村子里犹如平静的湖面投入了巨大的石块，一下子翻腾开了。村民们既感到兴奋，又有些担心，那些日子，家家都在算账，看按每亩 3.27 万元的征地补偿标准，每口人、全家人能分到多少钱。

事实证明村民的担心不是多余的，一年多过去了，村民们把地让出来了，但油田原先的承诺大多没有兑现，征地补偿费也迟迟落不到手中。村民不干了，特别是十几个拆迁户因没有得到妥善安置，全部拒绝搬迁。闹到最后，法院出面，动用 100 多名警力，来了个强行拆除，当时场面很紧张，没有按时拆迁的9户村民的房子全部被推倒了。

赵小龙说，在十几个搬迁户里面，他现在的情况算比较好的。由于年轻，头脑转得快，加之拆迁前就办起了小副食厂，利用拆迁的机会和得到的一笔补偿资金，他迅速扩大生产，现在把副食厂办得红红火火的。大部分拆迁户却没有他幸运，有的在临时搭建的房子里住了二三年。现在村里没有多少地可种，半数人闲待在家里，征地补偿的钱又没有全部发到手，即使拿到手，征用了房子的人家也就得到十几万到二十万元，其他农户都是几万元。没有地，坐吃山空，这些钱能维持多久？几年下来，有些人家把征地补偿的钱都花得差不多了，即使省吃俭用，这一代人勉强有了保障，子孙后代又该怎么办？他们毕竟是农民，失去了地，心像吊了起来，总觉得空落落的。说这些话的时候，我发现赵小龙一直望着远方，目光里流露出深深的忧郁。

二、土地是个宝，一旦“农转非”，便身价陡增，所以在城郊打土地主意的总是趋之若鹜

对于国家来说，土地是发展经济所必须的稀缺资源，合理有效使用，将促进经济健康、稳定发展。对于土地使用者来说，土地使用权是重要财产，对土地的占有、使用、收益，是使用权人应有的权利。

应该是这样，但由于现行的土地政策，关于农民对土地的直接利益主体法律地位方面界定不够明确，在广大农村，农民的土地承包权只是基于承包合同取得的土地使用权，属于债权性质。农民行使参加集体土地管理的权利得不到强有力的法律保障，因而无法抗拒来自发包人和乡村干部的各种干涉和侵害，他们限制不了部分县乡村干部擅自非法转让土地的行为。这是土地过度非农化和城郊农民大量失地的重要原因之一。

纵观世界发展史，从英国工业革命开始，人类从农牧社会大规模走向现代社会，走向城市化。城市化的过程，必然是农用地非农化的过程，这是全世界的普遍规律。但问题是我国农用地转为非农用地不但总量多，而且人均占有量也大大超标。根据国土资源部调查，从 1996 年至 2004 年全国平均每年净减少耕地近 100 万公顷。耕地数量减少的主要途径有四条，分别是生态退耕、农业结构调整、建设占用和灾害损毁。生态退耕退掉的大多是不适宜耕种、对生态安全造成威胁的耕地。生态退耕虽然减少了耕地数量，但有益

宽阔无比的大马路，无情地蚕食着有限的耕地。

于土地休养生息,并未对耕地生产能力构成实质性威胁。农业结构调整虽然减少了一定数量的耕地,但农业结构内部的调整是双向的,也就是说,既可以将耕地转为其他农用地,也可以将其他农用地转为耕地,这种转变也不会减少粮食生产能力。相对于其他几个方面,灾害损毁耕地占的比例比较小,实际上也难以有效预防。与生态退耕和农业结构调整不同,城乡建设占用耕地却使耕地的生产能力永久丧失。因为,耕地向建设用地流转是容易的,而将建设用地复垦为耕地却是非常困难的,这种流转可以说是单向的。更为严峻的是,建设占用的耕地大多是城市周围等级较高的耕地。问题又回到了小标题上。

在2007年的全国“两会”上，著名经济地理学家、中科院院士陆大道提供的一本图文并茂的相册引起了媒体的兴趣。133张拍自全国的照片，如照妖镜般照出了各地城镇化过程中大量圈占耕地的怪现象：一望无垠的开发区，豪华气派的政府办公楼，疯狂占地的大学城，宽阔无比的大马路……

陆大道院士认为“民以食为天”，在中国，粮食安全始终是个无法忽视的大问题。但现在的趋势令人担忧，因为耕地还在骤减。

他觉得中国人丰衣足食的根基永远只能是自己的国土，如果从解决吃饭问题考虑，目前急速城镇化

城郊大量土地被闲置。

对耕地来说危害严重。他甚至觉得这很大程度上是在圈地。地方政府及有关部门考虑的是，先低价获得大量土地，留作今后出售或进行房地产开发，一轮接一轮的开发区“圈地热”即是明证。中国的土地一如生存于其上的国民，分为两等，国有土地对应的是市民，集体土地对应的是农民，两者身份有着天壤之别。土地一旦“农转非”，价格便一路上扬，从每亩几万元转眼就是每亩十几万、几十万、几百万。

建设蚕食耕地的另一条黑洞是政府及其部门用低廉地价招商引资。上世纪末，中国迎来了百年来少有的发展机遇，发展成了整个国家经济活动的主旋律。靠什么发展？除了自筹资金和向上争取项目，招商引资便成了共用的招数。大家都出来招商引资，竞争就变得激烈起来，于是各地高招迭出。不过，有一个招数是共同的：这就是以低廉地价吸引外地、外国的投资。

对官员们来说，低地价引资风险小、收益大，引来投资不但可以推动当地经济增长，提升当地产业结构，而且能解决当地就业问题，给群众带来一定的实惠。更重要的是招商引资短期内让官员有了看得见的政绩，有了被提拔重用的资本。

招商引资成了各地官员的重要使命，于是压低土地出让价，大搞政绩工程、形象工程。大手大脚批地用地就疯狂蔓延。从南到北，从经济发达地区到相对落后地区，几乎每一级政府都规划了自己的开发区、工业园区。由于政府官员利用行政权力大力推动，国家机器便疯狂运转起来，碾过村庄，碾过庄稼地，碾过菜园子。

投资商们看准了这一点，他们揣着项目游走于各地政府之间，用很低的价格把大片大片的土地圈占起来，然后慢慢享用巨额价差带来的利润。

王化成就是一个"圈地"受益者。他在城里开了家汽车修理厂，苦心经营十多年有了一笔不菲的积蓄，他看到城里房价日涨，城郊地价也飞涨，便在高人指点下以开汽车附件生产厂为名在城郊买了20亩地。三年下来，地价几乎翻了一番。他不胜惊喜地告诉老熟人，买地比汗流浃背做生意强多了。

三、传统的土地承包经营方式，让一块块"皮带田"与规模生产和集约化经营的矛盾日渐上升

农民现有的承包地，是1981年家庭联产承包责任制推行时获得的。从集体生产回归到家庭耕作，已经走过了二十八年风雨历程。这期间，各地都按照中央的政策，对农民的承包地作过几次小调整，采取的基本原则是:总体保持稳定,减人减地,增人增地。

1981年以来,甘肃在全省范围内进行过1988年、1998年两次农村土地调整。之后,都以县人民政府的名义向农民发放了《农村土地承包经营权证书》。农村现在家家都在柜子或箱子里珍藏着这样的红本本。1998年颁发的证书的扉页明文指出:"承包人依法获得土地承包经营权,承包期三十年。"

证书后面还附有这样一段文字:农民依法承包集体的土地,只有承包经营权,没有所有权;发包方有权制止承包户弃耕和破坏、浪费耕地行为;农户不得买卖、荒芜土地,不得擅自改变土地用途;发包方对农户承包的土地不得随意调整。经有关部门审批,按规定程序进行"小调整"的,须向农业承包合同管理部门登记备案。

这说明国家对农民的承包地管理是严格的。

土地承包之初,是按每个生产队拥有的耕地数量,以人为单位分配的。由于我国农业人口众多,土地所承载的农业人口压力过大,土地的生产资料功能退化,生存保障功能上升。资料显示:我国14个省区人均耕地面积低于1亩,6个省区低于0.5亩。北方情况略好一些,一般也只有人均几亩,可以说连生存保障功能都不能满足。这就决定了中国农民以户为单元组织的生产活动只能是分散的、小规模的。不仅如此,当初分配土地时,为了合理搭配,一家的耕地又往往散布在多处。温泉乡何家坳村位于天下黄土第一塬——董志塬,耕作条件比较好,但农户的耕地照样分散。

下面是2007年的一份调查资料:

何鸿钰家,现有4口人,全家有耕地8.173亩。

耕地来源:

1.自留地0.573亩

2.1981年分配承包地3.1亩(当时1人)

3.1998年土地小调整时增加3人,增地4.5亩

分布情况:

1.院内地1.7亩

2.门前地4.1亩

3.崖背地2.373亩

何鸿毅家,现有4口人,,共有耕地8.173亩.

耕地来源:

1.自留地0.573亩

2.1981年分配承包地3.1亩(当时1人)

3.1998年土地小调整时增加3人,增地4.5亩

分布情况:

在农村,老宅基占地面积都比较大。

农宅占地是耕地流失的一大因素。

1.门前地 0.9 亩

2.叔父庄子西地 4.62 亩

3.崖背地 2.653 亩

何有世家,1981 年包产到户时有 7 口人，当时分到承包地 21.7 亩,划为 5 块。第一块 2.4 亩,在庄后;第二块 1.53 亩,在门前;第三块 0.2 亩,在庄西;第四块 1.9 亩,在沟边;第五块 15.67 亩,在坳心,面积最大。

其他地方情形与何家坳大抵相似。

应该说我国农村土地从集体经营模式向家庭承包经营模式转换后,极大地激发了广大农民的生产积极性和创造性。主要农产品已由过去的长期短缺发展为总体大体持平,丰年有余,数亿农民迅速迈向了致富奔小康的道路,农村已经发生了和正在发生着深刻的变化。

但是随着市场经济的快速发展,以家庭为单位的土地经营模式与大市场的矛盾越来越显现出来。

首先是一块块“皮带田”极大地制约了耕作与收获方式的进一步变革。就整体而言,畜力耕作与收获已渐渐退出历史舞台，对于中国乡村和农民来说,这本身昭显了一种巨大的文明与进步。但目前这种以一家一户为单位,“螺丝壳里做道场”的小规模生产方式，让农业机械化变革显得步履艰难。

王军君是个老实本分的农民，务了3亩苹果园和11亩庄稼地，一年全部的精力都投在农活上。这几年，种粮有补贴，苹果价格比较稳定，特别是家里两个学生免了学杂费，日子过得一年强过一年。

他告诉我，和生产队时期相比，现在农民够幸福了。但还是很辛苦，打理果园费力自不必说，单是侍弄这十多亩地，就够难了。虽说现在农村耕地有拖拉机，收获有收割机，还有播种机、脱粒机……但由于地块分散，片儿小，机械难以施展，有几块地还得靠人力翻，镰刀割，罢了还得拉回场里，一点一点打碾。本来每年还想腾出点精力进城打点工，可几亩地硬是拖住了手脚。农民嘛，总不能把地撂荒了。他和我一样正值中年，但由于累年辛劳，面貌看起来比实际年龄大得多，已显出一脸沧桑。

其次是耕地太过分散，影响农业结构进一步调整。农业结构本身呈现复杂的地区差异，任何地区的农业结构都是在自然、经济、社会因素综合作用下形成和发展的。而每个区域都有着自身传统的、现实的、潜在的以及在省内、国内、国际的比较优势。近年来，各地围绕发展现代农业，打造优势特色产业，普遍进行了农业产业结构适应性调整，有效地促进了农村经济的快速发展和农民收入的持续稳定增长。

甘肃庆阳是一个旱作农业市，以干旱为主的自然灾害严重制约着农业和农村经济的发展。为了摆脱农业生产始终受制于天时、遭难于旱灾的困境，他们采取大力发展草畜、苹果、瓜菜、劳务“四大”产业，大幅度压缩粮田面积，以种植紫花苜蓿、发展草食畜牧业和苹果产业为突破口，力图把草畜作为全市战略性主导产业做强，把苹果作为优势特色产业做大，把瓜菜作为优质高效产业做优，把劳务作为增收富民产业做实，全力推进农业结构由对抗性向顺应性转变，由粮食生产为主向草畜、果品业为主转变，由多而全的产业种类向少而精的优势产业转变。

尽管如此，由于传统观念，特别是农户耕地少而分散等因素影响，农业产业结构调整依然举步维艰。

庆城县赤城乡是有名的苹果之乡，他们注册的“赤城”牌苹果已名扬省外。全乡 4.31 万亩耕地上，已栽植果树 3.2 万亩，占到 74%，其中能挂果的就有 2 万亩。全乡每年果产业收入达四千万元，户均过 1 万元。

乡党委库书记说，按照产业发展规划，他们打算再发展五千亩苹果。历史的车轮，总是在永不停息地向前转动中书写进步和发展的轨迹。赤城乡这些年苹果产业发展得有声有色,全乡已成了个大果园。春天一片花的海洋,夏天浓荫一望无际,秋天红苹果如同满天繁星,一栋栋白墙红瓦的民居点缀其间,让城里人看了都羡慕不已。但提起为产业结构调整这些年付出的辛劳,库书记却连连感叹不容易。

其实,在庆城县,大多数农民都认识到当地是苹果适生区,苹果产业能发展。但现在农民都是单户经营,有些家庭主要劳力长年在外打工,把种地不当回事,不愿意在土地上花力气折腾。一些农户干脆把地承包给别人,包地的人一般都是收一年算一年,而苹果从幼苗到挂果,需要六七年时间,因而包地的人无法做这样的长期打算。农村现在老两口过小日子的家庭很普遍,这些人年龄大,相当一部分人的身体还有这样那样的疾病,种一把口粮和一点蔬菜已感艰难,经营苹果这类劳动强度很大的活根本不可能。也有个别人太懒,果园这些苦活累活干不了。再一个很现实的原因,就是单家独户的耕地少而分散。宣传归宣传,引导归引导,他们毕竟是农民,知道靠自己最现实。既要留口粮田,又要留菜地和饲料地。一个家庭总共不过几亩到十几亩地,东一片、西一块,七留八扣,响应政府号召用来支持和发展特色或优势产业的耕地能有多少？

就因为这些原因，赤城乡每年费九牛二虎之力，也只能完成果树栽植计划的百分之二十到三十。整个庆城县情况都差不多，2004年以来，县上为了鼓励苹果产业快速发展，每年无偿提供一百万元到二百万元的苗木，但收效难以让人满意。

再者，分户经营不容易集中连片，规模效益难以发挥。实践证明，以家庭为单位的土地经营模式由于占有耕地少，分散程度高，限制了产业集中连片发展，进而影响了规模效益的发挥。而国外农场主一般都经营几百亩甚至上千亩的土地。他们的专业化、机械化、农业现代化水平比我们又高出很多。与他们展开竞争，我们明显处于劣势。

一些基层干部认为，中央近些年给“三农”这么多的优惠政策，又是减免农业税、减免农村学生学杂费；又是发种粮补贴、种子补贴、农机补贴……但农民增收依然缓慢，这和当前农村单家独户少而分散的土地现状不无关系。

四、土地合理流转，说起来容易做起来难

土地流转这是当代的大话题，也是众说纷纭的老话题。改革开放伊始，从农民第一次知道自己不必捆死在黄土上刨食那一刻起，这个话题就缠绕着人们。

土地流转难不难？肯定难，不然经过了三十多年的改革开放，早就在这方面有了全局性突破。

中国是一个农业人口占绝大多数的国家。这一基本国情决定了要代表中国最广大人民的根本利益，首先必须代表广大农民的根本利益。而农民的积极性和利益主要源于他们所经营的土地。目前对于农民来说，长期实行土地家庭承包经营，不仅是一种生产方式，而且是一种基本的生活方式。现阶段，要代表好广大农民的根本利益，就必须坚持以家庭承包经营为基础的制度不动摇，这是个大前提，也是当前在农村工作中实践“三个代表”重要思想的必然要求。

同时我们也应清醒地认识到，经过三十多年的改革和发展，我国农村生活和农业生产进入了一个新的历史阶段，农村的产业结构和生产力水平与改革初期相比已经发生了巨大的变化。特别应该看到，加入 WTO 之后，我国农业生产和农村经济发展面临着巨大的冲击，以家庭为单位的小规模的土地承包经营要和西方发达国家的大农场在国内国际两个市场上展开激烈竞争，这就要求我们必须在稳定土地家庭承包制的基础上积极推行适度规模经营，以新的联合方式与其抗衡。对这一问题，邓小平同志早有认识，上世纪 90 年代初他就提出了关于农业“两个飞跃”的思想，即农业的第一个飞跃是废除人民公社，实行家庭承包责任制；第二个飞跃是在家庭承包责任制的基础上，适应科学种田和生产社会化的需要，发展适度规模经营。

要想实现规模经营，土地就应当相对集中。因此，在稳定土地家庭承包责任制的基础上，尽快建立起一种适应市场经济要求，放活土地使用权，提高土地产出率的土地流转机制，打破“户户有田、人人种地”的局面就尤为现实和必要。

令人欣慰的是，探索在上世纪 80 年代就开始了。

在经济率先起步的珠江三角洲，集体建设用地流传早已是公开的秘密。

在当时，虽然法律规定集体土地不可以转让、出租，国有土地也不可以转让、出租，但以土地换发展却是当时唯一的选择。后来的东莞市领导说，除了土地和廉价劳动力，那时他们别无他物可以提供给投资者。

东南沿海发达地区农户间也出现了自发的土地

转包转租现象，并且在农业生产实践中逐步显示了其旺盛的生命力。中西部落后地区也开始跟进，股份合作、反租倒包、委托转包、季节性承包、土地交换、租赁经营等形式越来越多。

近几年，江苏省一些农村土地股份合作制开展得有声有色，既增加了农民的收入，也有力地促进了地方经济的发展。据记者调查，苏州市吴中区横泾街道上林村的农户过去采取各家单干的形式，每亩土地年均纯收入仅250元左右。2006年，180户农民将240亩土地承包经营权作价入股后统一承包给种养能手，农户每年可获取每亩保底600元的土地收益分红，出工劳动的农民另有每天25元的劳务费，从而大大增加了农民的经济收入。2006年7月，上林村土地股份合作社率先办妥注册登记手续，领取了江苏省颁发的首张土地股份合作社执照。该区长桥镇先锋村56岁的朱连生家中5口人，有5.8亩地，每亩年净收入不到200元，但加入镇里的土地股份合作社一年来，已获得股金分红3210元，比种田收入增加了2000多元。他说："如今不用下地，富余时间搞其他经营项目，收入比过去增加了很多。"

2007年7月，农村土地流转模式在重庆出现新突破。重庆市出台新政，允许农民以土地承包经营权直接入股。重庆此番新政并非心血来潮，而是被逼出来的尝试。事实上，在允许农民土地入股的新政出台之前，距重庆市区约100公里的长寿区石堰镇麒麟村已经开始了土地经营权入股的试验。

时任重庆市委书记的汪洋认为，建设城乡统筹发展的直辖市，关键在农村。要发展现代农业、加快农村劳动力转移，土地流转势在必行。更有媒体称，在保证土地总面积不变，耕地性质、粮食产量不变的前提下，突破土地管理和使用问题，把土地流动起来，这将带来新中国成立之后的第三次土地革命。

然而现实却是随着土地流转范围与规模的不断扩大，问题也随之增多。首先，人们发现土地流转走得最快的是集体建设用地，这可能造成一些土地性质发生转变，农业用地最终变成建设用地，尤其在接近城市边缘的地区，这正是人们担心的地方。许多农业问题专家都认为：承包经营权可以多种方式进行流转，但必须用于农业。其次，专家认为，农地入股可能给农民带来实惠，但入股后土地承包经营权已经转让，其中可能存在的风险却无法回避。因为"入股"是投资行为，既然农民是股东，肯定存在风险。从入股的那一天起，他们的土地承包经营权就已经转让了，就要和公司一道来承担风险。如果公司破产，就意味着作为股东的农民要丧失土地承包经营权。再次，人们感到，土地流转是“两头热，中间冷”。即上级积极推动，农民热烈响应，而农村基层组织却表现冷淡或消极。一些基层干部认为，土地入股后，处置权划到股份公司，一部分管理权将会丧失。也有一部分农民怕土地入股经营后，股份分红和土地收益无保障，土地增值空间有限，难以达到期望值。还有，以承包地入股价格难以确定。单纯以土地入股经营的股份合作社操作比较容易，但与资金、劳力、技术等生产要素共同参股组建股份合作社难度较大；再则，离开土地的绝大多数农民如果无法实现非农就业，土地入股经营也就失去了前提。

另外，历史上我国就是一个传统农业国，农民受传统农耕文化的影响，在思想上表现出封闭性、狭隘性、粗放性、保守性等特征，习惯于靠天吃饭，不愿承担风险，对土地有强烈的依附心理。许多农民虽无力种地或无心种地，却宁可粗放经营也不愿把自己的承包地转让出去，已转移到二、三产业的农民则把承包地作为抗衡市场风险的退路，也不愿放弃。同时，由于近年来城郊土地的综合开发和农村工业小区的创办，土地价格上升，一些农民的土地资产观念被唤醒，占有土地事实上就是占有一份福利，他们普遍的想法是把承包地作为不动产保留下来，等待日后增值。农民的这种恋土情结，也限制了土地的相对集中，使得推进土地规模经营与合理流转难度加大。

总的看，土地合理流转乃大势所趋，在促进土地合理流转方面，各地都有不少成熟的实践经验，关键是如何做到流而有序，转而不乱，若如此，说不准还为我国 18 亿亩耕地红线增加了一道防护堤！当然了，搞不好，也将带来一系列严重的社会问题，甚至会损害三十多年改革发展所取得的巨大成果。

第二篇

都说农民工不容易

农民工问题是随着我国改革开放而出现的一种新的社会现象。一方面，农民工涌入城市，为城市繁荣、农村发展和国家现代化建设做出了重大贡献；另一方面，由于身份地位限制，农民工被边缘化，享受不到与城市人同等的劳动待遇，即便他们再辛勤努力，绝大多数仍处于社会底层。

都说农民工不容易

大家清晰地记得,2003 年 10 月 24 日, 国务院总理温家宝曾走访三峡库区腹地,为农民工追讨工资。

2005 年 12 月 29 日在中央农村工作会议上,温总理指出, 农民工已成为中国产业工人的重要组成部分,是工业化、城镇化、现代化的重要推动力量,如何对待农民工,不是一件小事,而是关系全局和长远的大事。

2006 年 4 月,温总理到广厦重庆一建公司工地考察。在农民工的宿舍里,他对农民工李开云等嘘寒问暖,并语重心长地说:“这些年,农民工是我最操心的事之一。”

除夕夜,新闻联播里,温总理略显沉重地说:“前年,我还为四川农民工讨工资……从那个时候,我就在想,要建立一种相应的制度……”

农民工问题是随着我国改革开放而出现的一种新的社会现象。一方面,农民工涌入城市,为城市繁荣、农村发展和国家现代化建设做出了重大贡献;另一方面，由于身份地位限制，农民工被边缘化，享受不到与城市人同等的劳动待遇，即便他们再辛勤努力，绝大多数仍处于社会底层。

从国家总理为农民工讨薪开始，农民工的境遇已经引起全社会的广泛关注，这一问题实质上已由经济层面上升到政治层面。

往前，都把农民工叫民工或者打工的。其实，打工并非一个新名词。在漫长的封建社会里，失去了生活资料或为生计所迫的农民，要么投身于乡村的财东、地主、豪绅家为短工、长工，要么就流入城市当雇工、佣工。那时农民进城多属被迫无奈，规模小而分散，除农民起义进城外，无法用“潮”、“流”这样的字眼来描述。到了明末，资本主义开始萌芽，城乡之间人员流动增多，特别是到清朝中下叶，下关东、走西口、出南洋做工的庄稼汉大量出现，他们可以说是最早的准确意义上的打工族。打工这个词清末民国初就出现在南方一些地区。著名文人徐珂在记“在粤之打工妹”事说：“乙丑秋，有自粤至者，言粤东近有丝厂一百六七十所，男女工人可万七千，工资日得银币六角五分。”(徐珂:《康居笔记汇函》) 当时单身女青年外出打工就叫“打工妹”。这是有记载的最早的“打工”一词。

农民工大量出现是从上世纪80年代开始的。那时伴随着改革开放和工业化、城市化急进的步伐，农村实行了土地家庭承包经营，亿万农民的生产积极性空前高涨，加上农业科技进步，解决了农产品供给缺乏问题，解放了农村劳动力，同时由于改革的不断深入打破原有的城乡壁垒，城市的门槛降低了，广大农民有了走出庄稼地兴办工业、进入城市的可能。由乡镇企业崛起到“民工潮”就是这样的逻辑发展。

当时进入人们视野和让媒体惊讶与震撼的是：大批世代耕田种地的庄稼汉背井离乡，成群结队，走南闯北，谋求通过外出打工改变生计和新的发展。年头节下，各个火车站客运因农民工出行与返程一再出现前所未有的紧张忙碌场面。

波澜壮阔的打工潮背后，诠释着城乡二元结构长期积累的问题在体制转轨、社会转型快速期的集中释放。

一、中国的农民工问题具有特殊意义

中国农民自古就有深厚的恋土情结。“金窝银窝不如自家的土窝”，“在家千日好，出门万事难”，“父母在，不远游，游必有方”，这些古训就是传统农民乐于固守家园的最堂皇的借口或者说是极好的佐证。

农民离开庄稼地进入城市,谋求一份相对稳定的职业,然后和城市融为一体,这也就是通常所说的从第一产业向第二、三产业,从农业社会向工业社会,从农村文明向城市文明转移,这符合各国现代化的一般规律。世界上的城市大都是这样发展壮大走向繁荣的。中国的城市发展与现代化显然跳不出这个框框。甘肃庆阳市位居陕甘宁三省交界, 相对偏远落后,2007 年城市化率仅为 24.66%。为了促进地方经济发展,庆阳市将城市化率的增幅确定为每年 3 个百分点。要实现这一目标,每年全市城镇人口就必须增加 9 万。据分析测算,除城镇人口自然增长外,增加的这些城镇人口将主要依靠农村向城市转移。姑且不论这个指标是否合理,有一点是确定无疑的,城镇化的实质就是农村向城市移民。

1.与国外相比,中国农民向城市转移有诸多不同

社会发展是一个复杂的系统。但任何发展,只有与人的发展结合在一起,才具有实际意义。中国的国情特殊在人口多,特别是农民多,又推行了几十年的计划经济和城乡隔离的二元经济政策。因而和国外相比,中国农民向城市转移有诸多不同:一是目的不完全相同。国外农民进城主要是为了就业,中国农民迁

移主要是为了挣钱,他们想通过打工改变个人和家庭的生活际遇。因为中国城乡之间的反差巨大,城市有比农村更多的赚钱机会。二是心理不同。同是进城,国外农民大都心甘情愿,信心充盈,在他们看来,从乡下到城里无非是改变一下生活方式,状若行船过河,彼岸就是目的地,清晰可见。而中国农民多为生活所迫,虽然他们对城市充满憧憬,但无法预知进城后的结果,如同风中的落叶,不知最终飘归何处。三是素质不同。国外特别是西方国家由于普及高等教育,城乡劳动者普遍掌握了较高的劳动技能,农村的信息化、机械化与城市的工业化、现代化之间不存在明显反差和天然鸿沟。而中国农民文化程度普遍偏低,在农村主要从事简单的手工劳动,技能单一,进入城市后与工业文明和城市文明存在潜在隔阂。四是城市的认同感不同。同一片蓝天下熙攘而繁华的城市,国内国外在接纳和对待进城农民的态度上却不尽相同。国外户籍制度不存在城乡分治,所以城市对农民来说,没有门槛,出入通畅,居无歧视。而中国现行的城乡隔离的二元经济政策,把城市居民和农民人为地划成两个社会群体,进城农民很难公平分享国家的发展改革成果和平等参与民主政治。五是迁移进城的过程不同。国外就业和迁移是一个同步过程，而中国是两个过程，只有一部分进城就业的农民可以真正实现迁移。所以说，和国外相比，中国的农民工问题更加复杂。

2.中国农民工已成为一个庞大的社会群体

据国家统计局调查，2004年全国进城务工和在乡镇企业就业的农民工总数超过2亿，占农民总数的22%，比世界上绝大多数国家的总人口还多出好多。其中进城务工人员1.2亿左右。调查结果表明，农村劳动力外出务工数量正逐年增加。由此推算农村有一半以上家庭都有人员外出务工，可以说农民工和半数中国农民的生活与情感息息相关，农民工也由此成了广大农村难以释怀的牵挂。

3.随着农民工队伍的日益壮大，工资性收入已成为农村家庭收入的重要来源

何占瑞是庆阳市西峰区一个普通的农民，2007年他不但新盖了气派漂亮的大门楼子，而且更换、添置了几大件家用电器，还备齐了盖五间砖瓦房的建材。这么多的花费，小部分是他经营苹果的收入，大部分则是靠两个儿子在长庆油田打工挣回来的。说起家庭的变化，他总会憨厚地笑着说，多亏了打工的两个儿子。

合水县是一个只有18万人口的小县，农业人口

就占到16.8万。2007年该县大力发展劳务经济,输出劳动力6.56万人,劳务收入达到2.3亿元,全县农业人口人均工资性收入超过1300元。

国家统计局最新发布的数据显示,党的十六大以来,农民收入快速增长,打破了“十五”前三年收入增长缓慢的格局,进入新的较快增长期。2004—2006年农民增收连续三年超过300元;2006年,农民人均纯收入为3587元,比2002年增加1111元。农村居民人均纯收入增速由2002年的4.8%,提高到2006年的7.4%。

随着农村就业结构的变化和农民工队伍的日益壮大,农村家庭经营性收入比重持续下降,工资性收入比重稳定上升。2006年人均工资性收入比上年增加200元,对农民增收的贡献率为60.2%。显而易见,工资性收入已成为农民家庭收入增加最直接、最有效、最现实的途径。

因此说农民工问题绝不单纯是农民就业和增收问题,而是关系到农村、农业发展,关系到小康社会建设,关系到一个庞大社会阶层利益,关系到社会和谐与全局稳定的大问题。任何轻视或者不能妥善解决农民工问题的做法都将导致严重的社会、经济与政治后

摆个小滩，是一些农民工谋生的重要手段。

果。能否妥善地、全面地解决好农民工问题，将是对中国共产党执政能力和政府行政管理能力的巨大考验。

二、提起农民工，总是诉不尽的辛苦，道不完的难

2007年初，《小说选刊》封面一改雅致含蓄的构图风格，选用了一幅“农民工午餐”的纪实摄影作品。工地上，一位青年农民工右手抓着五个馒头，塞满馒头的嘴使整个面部变形，但是他还是冲着镜头努力做出笑的样子。这幅照片与曾经感动过人们的“大眼睛”摄影作品一样，给人以强烈震撼，让人感到无限酸楚，尽管这样的场景在天南地北的建设工地上司空见惯。

毋庸置疑，农民工的大量涌现，为社会创造了财富，为城乡发展注入了活力。农民工已成为产业大军中的一支重要力量。他们应该是城市的主人之一,不应该是辛劳的代名词或苦役的机器。而现实却是农民工的生存状况令人担忧。

劳动和社会保障部 2005 年的一项快速调查表明,农民工主要分布在加工制造、建筑、采掘、餐饮住宿及其他服务行业,其中加工制造业占 27%,建筑业占 26%,餐饮和住宿占 11%,采掘及其他服务业占 36%。有些行业,如建筑、建材、纺织等一线职工 80%以上是农民工。

绝大多数农民工从进城的第一天起,就是在极其困难的条件下开始的。

1.黑中介往往是农民工们睁着眼睛也躲不开的第一道陷阱

2007 年 9 月某日 10 时 48 分,从阿克苏方向驶来的 2662 次列车准时开进兰州火车站,站台上已经站满了背负大包小包的农民工。11 时 38 分,由乌鲁木齐开来的 T296 次列车进站后,广场上农民工人头攒动。

与火车站广场熙熙攘攘的场景相辉映,车站对面天水路南段劳务中介也异常红火,10 多个流动职业介绍所一个纸牌一个托儿,忙着以给农民工介绍工作为名设局骗钱敛财。

究竟有多少农民工在这里上当受骗,怕永远是一个谜团。但通过兰州市劳动监察部门的一份工作报告还是能够了解一些大致情况:从2004年至2006年上半年,兰州市劳动监察部门共清查民办职介机构100户,责令整改30户,取缔非法职介机构58户,移交公安部门处理11户,共清退求职费16805元。

一位业内人士说,兰州黑中介骗取的农民工求职费总额,肯定是这个数字的几倍,乃至几十倍。

张刚刚是庆城县驿马镇青年农民,现在镇上的一家农副产品加工企业打工。说起被黑中介坑骗的经历,他满腔愤慨。2005年春节后,他与同村的两个青年结伴准备到广州打工。由于第一次出门,没有经验,到西安火车站后,发现介绍工作的、招工的很多,条件也很优惠。他们想,西安也是大城市,离家也近,就按一家职业介绍所的要求在火车站附近的小旅馆住了下来。他们每人给职介所交了100元费,等待对方介绍他们每月1000元的大公司保安工作。三天过去了,还没有联系好。一周过去了,对方说保安不行了,招满了。每人再交50元,另给联系一家每月1200元工资的装修公司。两天后,他们被一个称为周老板的人带到一间房子里。周老板说,从今往后,你们就是装修公司的员工。不过先要履行手续，每人交1000元押金。见三人面有难色，周老板显得很大方，说如果有困难，每人先交800元，欠款下月发工资后补交，然后很快给他们开了个收据，并通知两天后到这里报到上班。

两天后当他们结清房费，兴高采烈去上班时，却怎么也找不到周老板人，去职介所询问，对方说他们也联系不上。再缠问，职介所的人不耐烦了，把他们几乎轰出了门。

他们终于认清上了骗子的当，不得不挥泪回家。

男壮劳力外出打工了，妇女们撑起了半边天。

2.农民工们清楚，自己是出来挣钱的，是城市的过客，对吃住不敢有奢望

他们一般在城内或城乡结合部租房居住，在建筑

工地打工的则集体住在大工棚内，也有不少住在自己用各种建筑废料搭建的棚屋内。其居住条件的共同特点是:潮湿,拥挤,采光和通风条件较差,往往成为城市中的卫生死角。为了尽可能地节约开支,农民工的饮食一般很简单，他们是农贸市场低档蔬菜和街头路边饮食摊档的主要顾客。他们想尽办法节衣缩食，省吃俭用,为的就是在过年的时候,能够多带几个钱回家。

北京是全国农民工输入的重点地区之一,数以万计的农民工为首都的发展和繁荣付出了心血。然而皇城根儿,酸甜苦辣依然萦绕在他们心头。

10月底的北京叶未落,草未黄。白天,和煦的阳光并不急于释放它所有的热量,但到晚间,寒冷却不时摇醒人们,冬天已开始逼近。

这就是绝大部分农民工的真实工作状况。

王世华和妻子来自甘肃省镇原县，他们在北京已闯荡了三年。和许多农民工一样，刚来北京，王世华也是在建筑工地当小工，后来又帮人装车、卸车，在废品收购站干零活儿。慢慢地，他发现收购废品是个不错的营生，虽然脏些，累些，但收入比在工地上干活强多了，又很自由。于是他把老家的妻子接来，在海淀区的一个出租房内安了家。那是一间只有七八平方米的小屋，杂乱而昏暗，收购来的物品用编织袋装着堆放在一角，边上是一张小桌子和一台破旧的大立柜。王世华说，这些是收废品时收回来的，觉得还能用，就留下了。桌子上摆着杂七杂八的东西。紧挨着桌子的是一张床，像单人床，但放着两套被子。褥子很薄，坐在上面能感到床板冰冷的硬度。门口支着小锅台，屋里没椅子，平时他们就坐在床上或门口的砖头上吃饭。尽管条件艰苦，但每月近千元的收入，比在老家山里刨地来得宽裕。他们不想在北京扎根，住在北京，无论怎么改变，他们感觉自己永远是乡下人。等过上若干年，攒点钱，孩子大了，他们就打道回府，然后盖房，然后给儿子成家，早晚守着故乡的蓝天白云与青山绿水颐养天年。现在，他们两口还得继续着这样的打工生活，为未来的目标好好打拼。

和其他农民工比起来，庞燕算是幸运儿。她现在是兰州一家足道的按摩技师，这工作听起来不雅，也容易让人往坏处想，所以在河西走廊农村的父母至今只知道她在兰州服务行业打工，但不清楚具体干什么。洗足按摩很辛苦，每天工作都在十小时以上。虽然说老板管吃管住，但一日三餐很简单，早饭咸菜馒头；午饭米饭烩菜；晚饭多是面条，也就对付着能吃饱。女孩子嘴馋，想上街改善一顿，一是没时间，二是舍不得花钱。住宿更寒酸，一群女孩子分上下床挤在一间阴暗的房子里，连一个放箱子的位置都没有，随身物品和衣服只好搁在床头。

虽然如此，她还是感到很满足，整天有一群姐妹陪着嘻嘻哈哈，说说笑笑，日子就在不知不觉中打发了。她要求不高，觉得这就行了，辛苦几年，找个条件好些的郎君一嫁，生活又是一个新的开端。说话间你能感觉到她浅浅的笑意里洋溢着对未来生活的无限向往。

3.劳动报酬原本就非常低廉，还常常因克扣和拖欠而难以兑现

农民工们怀着美好的梦想来到城市，他们以能吃苦，肯出力，任劳任怨，对劳动报酬要求不高，获得用

工单位的青睐,在城市做着最苦、最累的工作。在机器轰鸣的建筑工地、在尾气弥漫尘土飞扬的马路上、在恶臭扑鼻的下水道,到处可见他们的身影。而城市回馈给他们更多的则是不公正的工资待遇。

一项调查显示,98.7%的雇主没有为农民工办理养老金、住房公积金和医疗保险金,93.4%的雇主没有为他们办理工伤保险。多数农民工不敢提出签订劳务合同的要求。相当多的农民工被任意延长劳动时间,却得不到相应的报酬。

2007年10月27日《甘肃经济日报》“阅读周刊”发表了一篇记者采写的题为《一位农民工百日生存状态录》的文章,真实记录了湖北省仙桃市九合垸农场老巷组年仅26岁的农民工彭红平在武汉市115天艰难谋生的境况。

文章说:115天里,彭红平为11个老板打过工,没有一个老板兑现过工钱上的承诺。

七八月份是武汉最为难熬的酷暑季节。彭红平先后为5个建筑老板工作,结果只拿到30元。7月8日下午,武汉蔡甸区一个姓余的建筑老板让彭红平到汉阳区升关渡的建筑工地和泥,讲好一天工钱20元。筛沙、担水、搅拌只有他一个人,要供6个大师傅用泥。

当时彭红平感冒未痊愈，干了整整一天，老板说他干活慢、不下力，一分钱没给就把他辞了。

此后，彭红平天天守在劳务市场等活干，中间虽然也到汉江二桥、白沙洲大桥等地给3个老板做工，却没有拿到一分工钱。

8月30日，一个姓朱的老板到劳务市场招工，说到新疆的一家大理石厂工作，每月包吃包住1000元。彭红平就随他到了新疆一个偏远的小村。彭红平说："每天要干12小时的活儿，天气冷得很，我带的衣服少，老板又不借钱买棉衣，强撑着干满一个月。谁知到结账时，老板说每月只有500元，还要扣除200多元烟钱，只给了300元。可从新疆到武汉的火车票就要370元。我们求爷爷告奶奶，也凑不够回家的路费，最后只得买了短途票，在10月6日早上逃票回到了武汉。"

10月17日，彭红平到家乡仙桃市杨林尾镇一私人老板厂里做工，主要是清洗编织袋。老板让他白天干五六个小时，夜里干八九个小时，他干了三天就累得受不了，共清洗了4吨编织袋，老板最后只给了他30元。

彭红平只是出力流汗后没有拿到应得的工钱，还有多少农民工为讨薪遭人殴打，付出了鲜血甚至生命代价？

2008 年 1 月 16 日上午，在南京溧水中建五局工地，为手下农民工讨薪未果的带工头何成波正在工地干活时，被一群手持两尺多长大刀和长矛的人连砍两刀后，架到了工地附近的项目部察看情况，不料又遭到那群人的追砍，左手臂被砍落在地！现场一位 50 多岁的农民工抹着眼泪痛心地说："一年到头，我们外出打工就希望赚点血汗钱回家，可为什么就这么难啊？"

骇人听闻的还有：山东莱州市驿道镇神水院村农民刘洪江 1991 年与本村一村民到日照市打工，在西城建筑公司当起了建筑工人。

1991 年秋天，刘洪江想找工头结算工钱回家，他算好了工头应付给他 3 万元。那晚，他在工地找到工头的时候，得到的不是血汗钱，而是一顿暴打。一群人拿着棍子没头没脸地打，刘洪江腿上的筋也被残忍地挑断了。由于刘洪江没上过学，不认识字，不能给家里写信，家里也没有电话，所以一直未能和家里人联系上。他靠爬行着流浪乞讨艰难地维持生命，直到 2007 年底被家人寻见，时间已整整过了 18 年。当年风华正茂的青年，已被折磨得不成样子，衣服成了烂布条子，板板正正的人成了要饭的。

四川农民工谢友远、谢洪生父子更为凄惨。2008年元旦前，为了讨要被欠工资，他们在陕西宝鸡市遭多人殴打，儿子死亡，父亲重伤。而令人费解的是在谢氏父子血案发生的陕西省和宝鸡市，有关落实中央要求解决农民工问题的配套文件、规定有近十种，但血案确实还是发生了！！

发端于洪洞县的山西“黑砖窑”事件甚至被称为一场灾难。从2007年6月7日起，无法阻挡的舆论浪潮席卷这个晋西南的县城，随后席卷了整个山西，紧接着是远在北京的中央领导最高层的批示和从北京到山西的层层调查。

网友XKZO629说：

黑窑之黑，触目惊心！黑包工头比当年上海滩上的“那摩温”更凶残；窑工比当年的“包身工”更悲惨！黑窑能长期存在，同样触目惊心！不能抓、关、杀几个黑窑主和几个黑工头了事；不能解救、遣散一批窑工，给点钱了事！

4.城市的冷漠像一条红线，生生把农民工划成了另类

我们都是农民的儿子或后代，在城里生活久了，

对农民的情感似乎淡漠了,以至在街道看见行色匆匆不修边幅的农民工,心里早已没有了异样的感觉。似乎觉得,进城挣钱的农民工是另一个世界的人,与自己没有关系。甚至怕身为农民工的亲戚有事寻来麻烦自己或踏脏了家里的红地毯。

在大多城市人的意识里,农民工就应该干最苦的活,吃最差的饭,拿最低的工资,说最少的话,因为在他们看来,这才像农民工,才具有农民的"品质"。

正因为人们的这种"默契",农民工成了社会上最应该忍的人,最应该受气的人。于是影响城市卫生的人,被认定为进城打工的人;影响城市治安的人,也被认定为进城打工的人。

一位农民工朋友告诉我说:城里人老看不起我们,好不容易上街溜达一回,别人一看我们衣服脏就远远躲着。我们也不敢到大商厦去转悠,商场的人眼睛紧盯着我们,好像我们都是小偷。坐公交车时也是这样,城里人都刻意躲着我们。公交车司机也凶巴巴地喊着快点往后走。那种感觉真让人难受和心寒。

不少农民工感到在城市工作生活成本高、门槛高、心情压抑,管制多于管理,设防甚于服务。而对他们的保障制度却严重滞后。

农民工受到关注，似乎总是在为讨工钱扬言跳楼、为讨公道爬上吊塔之后。

这就是城市！

三、让祖国大地上有关农民工的不和谐声音，少些，再少些

经济学家认为，大量农民从农业中转移出来，在城乡之间流动就业，这种现象在我国将长期存在，这是由我国的国情和工业化、城市化发展阶段决定的。这个过程至少需要几十年，将伴随我国现代化的全过程。直到我国城市化率达到一定水平，农村劳动力供给走过峰值，农民工的转移规模才能出现拐点；直到务农和务工收入水平比较平衡，城市和农村的公共服务和生活质量差别不大时，农民大规模转移才能基本终结。

因此，应当将农民工问题作为有效解决“三农”问题和中国未来几十年发展中的头等大事来看待，这是我国向健康和谐的、可持续的工业化、城市化、现代化道路迈进的必要条件。

作为政府部门在解决农民工问题上必须更新观念，确定科学合理的宏观思路与长远筹划。不能将农民工现象看成是一种长期固化的社会现象而对其权益受损视而不见,不能对农村土地的生活保障功能估计过高而忽略农民工及其家属的经济社会权益诉求,不能强调财力不足而对农民工问题继续漠视,更不能继续在制度安排与政策实践中固守城乡分治、分割的思维模式。而是应该在户籍制度改革;在强化农民工教育培训,提高农民工综合素质;在规范社会及企业用工行为,建立和谐稳定劳动关系;在构建大社保体系,解决农民工保障问题;在加快法制建设,迅速完善相关法规,健全农民工权益保护法律机制;在关注新生代农民工成长,构建共融和谐社会;在改造社会氛围,营造让农民工融入当地社会的软环境等方面切切实实为农民工多办事、办实事、办好事,彻底改变农民工“非工非农”的特殊状况。

人们欣喜地看到,中央已经把农民工问题作为劳动政策的主要内容,农民工及其相关问题已经进入政策议程,维护农民工权益的法律和政策正在陆续出台。

2007年9月28日,重庆正式设立“农民工日”,为善待农民工营造良好的社会人文环境。

2007年11月份,中央电视台传来消息:重庆农民工们唱响的《农民工之歌》已确定进入中央电视台春节联欢晚会节目单。

农民工们将精神抖擞地在国家最高艺术殿堂亮相,用一曲“身上沾泥花,脸上挂汗花,为了一个梦啊,进城闯天下,昨天我是农民,今天当工人哪,城市的新主人意气风发。兄弟姐妹把胸膛挺起来,历经艰辛不怕风吹雨打,相信自己的力量相信未来,我们的人生一样好年华”唱出了自己的自信与自豪。

只有勤劳朴实善良的人，才能唱出心中最美丽的歌!

一部分农民工在一些行业和领域已创出了骄人的业绩,引起了社会的广泛关注。

地方人大代表也悄现“官退民进”,农民工代表声音渐响。2008 年新春伊始,重庆就有 51 名农民工担任人大代表。江苏省在布置人大换届选举工作时,特地对苏州、无锡、常州等农民工集中的城市提出明确要求,每县至少要有一名农民工代表。让农民工代表在国家权力机关中发出自己的声音,这无疑具有标志意义和趋势意义。

一幢高楼不可能改变城市的品位,正如个别农民工的走运不能说明这个群体状态一样,只有包括农民工在内的所有社会成员都受到应有的尊重,才是社会文明与和谐进步的有力注脚。这就像经济学中的“短板原理”，决定一个木桶容积的恰恰是最短的那块木板。时代进步的标志不在于出现了几个亿万富翁，关键是要看诸如农民工一类弱势群体的生存状态。

第四篇

别拿村长不当官

虽然选举只是基层民主的一小部分内容，基层民主的真正内涵表现在民主监督、民主管理、民主决策上，但是选举毕竟是有形的最直接的民主体现形式。对村民来说，村长选举其实就是利益选择，他们投出去的那一票，就是做出的利益最大化的选择，所以在他们眼里，村长选举是大事。

别拿村长不当官

2008年12月，陕西省渭南市龙门镇龙门村爆出惊人新闻：该村农民企业家王文选垫资1300万元竞选村长。这一天价村官一经产生，便引起国内媒体和社会各界广泛关注和争论。

焦点之一：王文选之举是否属贿选；

焦点之二：王文选是否冲村企而来；

焦点之三：村长一职有多大的诱惑力。

按照王文选的话说："我是龙门人，这块热土养育了我，我的事业发展和壮大，承蒙父老乡亲的支持和帮助，前50年我干好了自己的事，后半辈子我希望能给村里做点贡献。"

据媒体介绍，2008年12月9日上午，龙门村村主任选举现场热闹异常，在同时发出的哭泣和欢呼声中，选举宣告结束。王文选以38票优势战胜原村主任当选。

58岁的村民王自善高兴不已。按王文选的竞选承诺，王自善一家6口人，第二天就能分得12万了。次日,他真的领到了存单。

76岁的王甫选则现场落泪:“原任杨青军当了6年村长,先后办了煤气厂、轧钢厂和搬运公司。如今村里大多数人家盖了楼,村道变成了水泥路,村里有小车五六十辆。60周岁的老人还享受养老补助金。村里给每人每天发1斤面粉,而闭路电视费、水电费也都是村里支付。村里还建起了广场、公园和村民活动中心。原任村长杨青军让龙门村脱贫致富大变样,这次却没选上,这娃受屈了。”

姑且不论龙门村村官竞选是否正常,也不管陕西省人大和渭南市人大调查后会给出怎样的结论,单就垫资千万元竞选村长这一“利益门”事件的本身,就让老百姓在经历了三十年改革开放之后,对村长这一中国最基层的管理职位开始刮目相看。

一、村长的权力有多大

按理说,村长是中国官谱上最小的官,既不是公务员,也不吃皇粮;村长也是中国最多的官儿,统计资料显示,截止到2008年,全国行政村总数为69.15万个,也就是说全国有接近70万的村长。这是一个庞大的群体,其数量与南美洲的圭亚那共和国和波斯湾西南部岛国巴林的总人口数几乎相等。无怪乎人们经常开玩笑说，村长多如牛毛。

按照国家现行体制，村一级设村民自治委员会和村党支部委员会两套管理班子，主要负责人是村党支部书记和村民自治委员会主任，人们习惯分别叫他们村支书、村主任或村长。目前，一些乡村推行村支书与村主任一肩挑，人们沿用习惯的称呼，统称他们为村长。

一提起村长，人们往往想到的是电视连续剧《乡村爱情》中的长贵或《清凌凌的水蓝莹莹的天》里的钱大宝。这些艺术化了的村长形象鲜活、生动，极富时代气息，让人感到轻松中带着喜庆与幽默，曲折中满含希望和力量。他们既收获着庄稼与财富，又收获了幸福和爱情。而现实中的村长远没有他们张扬与浪漫，他们往往彷徨比快乐稠，烦恼比浪漫多。

王鸿玉是位在村长岗位上干了 15 年的老村官。8 年前他曾坚决地撂过挑子。那是农村工作最艰难的时候，催粮要款，刮宫引产的事让他焦头烂额。为了征收“三提五统”，他没白没黑地挨家挨户跑，年年任务还是难以完成。乡上批，邻里嫌，家里怨，弄得猪嫌狗不爱，他实在有点吃不住了。也真难为他，那时的农村比现在穷，延续了 2600 年历史的农业税已让农民负担不轻，“三提五统”和农业特产税等税赋更让农民难以招架。中央曾三令五申要求农民每年负担的税赋不能超过当年纯收入的百分之五,但县、乡为了完任务和凸现政绩,硬是把柴草叶子都计算成收入,当各种苛捐杂税超出农民的实际承受能力时,走投无路的百姓最后的选择就是反抗。为对抗税赋征收,村里个别农民甚至采用了喝农药、上吊等过激手段。

计划生育那些年也抓得非常紧,乡上动辄使出"强硬手段",要求村干部入户装粮,抬家具,把一些超计划育龄妇女撵得东躲西藏。有的乡领导甚至提出了"上吊不夺绳,喝药不夺瓶"的口号。在压力面前,他有点担心和害怕了,都乡里乡亲的,整日低头不见抬头见,为了集体的事弄得像仇人似的,他实在感到不划算。当时,他已经和人合伙在市里开了家农资公司,主要经营化肥、种子、农药。虽然不是日进斗金,但和当村干部比起来,收入强多了,也不用惹人了。

20世纪90年代初,甘肃农村私家车还比较少,乡政府也只有辆普通桑塔纳。为招揽生意和进城方便,他咬牙买了辆时代超人,村里人和乡干部们为此羡慕不已。他当时也铁了心,准备一门心思经营壮大自己的公司。可乡长、书记都不答应,轮番上门做工作。拖了三个月,书记把他叫到办公室,一脸严肃地问他,你是不是共产党员，是共产党员就应该服从组织安排，就应该全心全意为群众服务，而不是只给个人打天下。这下，他没话说了，只好又硬着头皮把村长干到底，一晃又是近十年。

说起近些年，王鸿玉有些兴奋，连称这几年好！中央大力实施惠农政策，农业税、农业特产税不但免征了，还免除了农村义务教育阶段学生的学杂费，又发放种粮补贴、农机补贴、医疗保险。每年中央1号文件都能给农民送个大礼包。放在过去，这是想都不敢想的事。过去都是向农民收和要，现在变成给农民发和补，看似简单的转变，却让他们如释重负，体味了幡然新生的喜悦。

那么，村长们现在到底都有哪些工作呢？

即使在一些偏远农村，村部也建得越来越漂亮。

赵升俊现为西峰区水务局局长，去年12月才离开什社乡党委书记岗位，他把村干部的主要工作概括为五个方面。

第一是组织、安排、协调、督促、指导农业生产。按道理说，现在承包到户了，种什么？种多少？怎么种？农民心里都有一本账，他们有自主权，无须干部们干预。事实上各级政府为了确保粮食安全和农民增收，每年都逐级下达栽植、种植计划与任务，如苹果栽植、全膜双垄沟播种植、顶凌覆膜等等，哪个乡哪个村必须完成多少亩，对乡村干部来说，这些都是硬任务，完成好坏与否直接关系到领导的评价和个人前程。乡上干部不敢马虎，村干部自然没话说。

二是协助落实各项强农、富农、惠农政策。像退耕还林、粮食直补、农机补贴、合作医疗，这些基础资料都由村干部落实与提供，大多数时间他们要一户一户跑，甚至一个山头一个山头、一亩亩地去丈量。

三是抓计划生育。尽管这项工作比过去人性化多了，但毕竟是件“要命”的差事，难度依然没有减轻。农村有许多实际困难，特别是在落后地区，不是简单的一孩化和纯女户结扎就能解决妥的。在计划生育问题上，村干部比乡干部更难，他们在本村本土，和计生对象低头不见抬头见，所以，对于村干部们来说，计划生育不单单要费力跑路，重要的是他们心理上要承受巨大压力。

四要跑一些公益事业。这几年，各级政府大力为农民办实事，年年都有修路、拉电、供水、修建沼气池之类的工作。对这些事，绝大多数农民都非常感激、配合和支持，但五个手指伸出来有长有短，个别刁难的、要求不合理补偿的总是难免，哪里出了问题，出面协调说和的肯定少不了村干部的身影。

五是调节民事纠纷，当和事老。乡村里，土地纠纷、邻里矛盾、家庭是非等鸡毛蒜皮的事情总免不了发生。有些事情看似非常简单，放在城里，放到机关干部身上三言两语就能评判个是非曲直，然后打发走人。但农村人传统观念浓厚，更多的时候是认人不认理，认理不认法。处理这些纠纷和矛盾，村长们最拿手，因为他们生活在村民中间，最了解他们真实的想法和心愿。好多矛盾让县上乡上干部或司法所一插手，弄不好会越描越黑，越调越僵，村长们一上手，多大的矛盾往往是迎刃而解，瞬间达到化干戈为玉帛的效果，村民们还会热情地留住村长吃顿饭。这就是村长们的过人之处和调解艺术。

赵升俊说，常言道："上面千条线，下面一根针。"村长虽然官不大，但上到政府下到村民都离不开他们。凡是乡镇政府承担的工作，最终都要落到村上，凡是乡镇政府具有的职能，村干部们分工时都有一一对应。

说基层情况复杂也好，说中国特色也罢，反正现实就这样，正是这些不为人关注的村官们维系着中国乡村基层政权的有效运转，他们是国家政策、法令真正的贯彻者和执行人，是乡村的大管家。所以，在当下农村做个村长并不容易，既需要工作、人际交往艺术，又需要处理各种复杂问题的能力，还要能忍受各种委屈。这样说吧，能当好一个市长、县长，能当好一个专家教授，不见得就能治理好一个村子，能成为一个老百姓买账的好村长，这不是夸大其辞。封建社会讲究皇权不下县，由于行政权力的扩张性和中国行政管理的特殊性，现在国家行政权力实际上已越过乡镇渗透到了村一级，村委会事实上已演变成了最末一级的行政组织。这样一来，形成两种后果，一方面，村长工作千头万绪，需要事无巨细，显得非常辛苦；另一方面，村长们的权力扩展了，地位抬升了，人们意想不到的事跟着也就多了。

清明节期间，广东汕头市潮南区仙城镇祭祀和扫墓的人络绎不绝,人们惊奇地发现东浮山村一处叫牛炎山的山坡上,多了两座豪华气派的大坟。这两座坟墓规模相当,都是三层高,用雕花的汉白玉砌成,周围还用条石界碑圈了一大片林地,占地面积加起来不下200亩。村民们说,坟地是村里冯家三兄弟的,他们砍了山上的林子,然后圈了地界。地是东浮山村党支部书记兼村委会主任朱镇丰卖给冯家的,究竟多少钱谁都不知道。

人们很快发现,在这座山另一处依山傍水的地方,还有一座豪华大坟。原来,除了冯家三兄弟毁林建坟外,党支部书记兼村长朱镇丰也修了一座大坟。坟墓由白色的挡土墙围绕,坟前有高台,后有突起的半圆形基座,两侧建有水池,中间修有水道,坟墓的基座使用的是大理石,宽大的石碑上刻着他依然健在的母亲的名字。比起冯家三兄弟建的两座坟墓来,村长朱镇丰家的巨大坟地有过之而无不及。

经过村民丈量,村长朱镇丰家的寿坟占地达24亩,而东浮山村人均耕地不足0.2亩,他一座活人坟就圈去了100多位村民的耕地,变成坟墓的地方原来又正好是水田。

其实朱镇丰出手大气,不但寿坟修得气派,他家的院子、房子,也比一般村民的宅基地大好几倍。

这是央视焦点访谈2009年4月5日晚爆出的新闻。电视画面上被采访的村民言之凿凿,表情激愤。

对此,很快就有观众在网上发表了帖子:

败露东窗不认娘,
奢靡盛世尚铺张。
青云路远滋愚昧,
金币通神太猖狂。
故垒萧萧他日泪,
新坟灼灼旧林塘。
嬴秦若肯多检点,
华夏何故属汉王?

这就是一位普通村长的惊人之举!

江苏沭阳县东小店乡有个村,从1958年至1997年,40年间村支部书记由父子两人轮流坐庄。这对父子书记尽给老百姓下套:譬如先答应给你计划生育指标,等你生下孩子后,就来罚款。超生罚款无标准,从来不给文件看。书记缺钱花了,就上门说上面来通知了,超生要罚款。真有通知假有通知,老百姓不知道。如此这般,前后罚了9年。

如此鱼肉百姓的并非个别现象。有一个不足2000

人的小村子，村集体两年间赤字33万元，村支书、村长等一伙村干部挪用、占用公款2.1万元，吃喝浪费10.2万元，贪污5.3万元。这些资金不是平时向群众多收的，就是银行贷款，有的竟是民间高利贷。

河北省辛集市位伯镇南位井村支部书记伙同村会计，1998年至2000年3年多的时间，除擅自挪用镇政府支付的该村高速公路占地赔款17万元补发干部工资、结算吃请送开支外，还采取伪造单据、重复报销等手段，贪污公款6.1万元，致使上级拨付的占地款不能足额支付，引发村民集体上访。

村长们的权力大小可见一斑。当然了，如果这种权力正确行使，如果村长们能珍视村民的信任，以平和的心态，谨慎用权，公正用权，廉洁用权，一心为村民办好事，办实事，加上一些村长们的杰出才能，完全可以像吴仁宝那样把村庄变成城里人都羡慕的乐园；相反，如果权力行使者违背了权力所有者的根本利益和意志，如果这种权力被滥用，变成谋私的工具，就必然会走向罪恶，成为村民的祸害。

好村长让人肃然起敬!

但是，从整体上看，村长的能力与品行呈现明显的“正态分布”。也就是说，村长也有好中坏三类，分上中下三等。中间大两头小，好村长毕竟是少数，占比率最大的是处于中间层次的村长，他们是村长队伍中的主流，他们没有杰出村长的能力和思想境界，但也不是庸官和恶官。他们满足于过得去，推上转，领上干。这也契合了目下农村的现状，否则农村可能发展得更好更快一些。问题村长毕竟是小部分，然而，即便是这一小部分，也不能不引起我们的关注，从绝对数量来看，这也是一个庞大的群体。

让人们担忧的是近几年，随着中央惠农政策的不断增多，村干部违法违纪问题也随之凸显，而且呈逐步扩大趋势。突出反映在财务管理上，违法违纪的金额已由过去几百元、几千元的小打小闹逐步发展到现在的几万、几十万，甚至几百万元。村干部“难管理、管不了”的现象日益严重。

村长们在用权上屡屡出问题，原因主要有两个方面：一方面是上面和下面的监督有漏洞，说具体一点就是来自乡政府和村民们的监督制约软弱乏力。1988年6月1日颁布的《中华人民共和国村民委员会组织法》规定：“村民委员会是村民自我管理、自我教育、自我服务的基层群众性自治组织，办理本村的公共事务和公益事业，调解民间纠纷，协助维护社会治安，向人民政府反映村民的意见、要求和提出建议。”按照这一说法，村委会属群众自治组织，以自我管理为主。这也正成了乡政府放任管理的堂皇借口。乡政府事务繁忙，干部们整日钻在工作堆里，多一事不如少一事，避之惟恐不及，很少有闲情和精力防范、处理发生在村干部身上的问题，况且“村干部养着乡干部，乡干部护着村干部”已成为不少地方的潜规则。真遇到过不去的坎，他们也以自身利益最大化原则进行处理，放弃了应尽的责任。这也在客观上助长了村干部身上的歪风邪气。在现有制度框架下，靠村民监督村干部理论上成立，实际上苍白无力。中国农村长期实行的是自给自足的自然经济，这种经济体制的一个显著特征是自我满足，就是讲究各家把各自的日子过好。所以，让受千年农耕文化熏陶的村民在自身正为生存或生活忙碌奔波的境况下，盯住村干部们，看哪些干对了？哪些干错了？哪些该干？哪些又不该干？这显然靠不住。另一方面，相关的法律、法规、制度还不够完善。要保证村民赋予的权力不被滥用，必须制定规范严密的法律、法规及制度，因为法律与制度具有根本性、全局性、稳定性和长期性。任何制度都是人制定、执行、修改和维护的，有了好的制度，还需要有用权者的高素质作基础才能维护、完善和落实。道理确实是这样，问题的关键是，中国眼下农村的当家人——村长们素质一般的居多数，他们素质的提高和整个社会的文明进步是同步的，这需要一个相当长的过程，在这个漫长的过渡期，只有用法律和制度刚性约束，“强行入轨”，才能促使他们正确行使权力。

多年来，国家顺应形势发展，出台了一系列推进基层民主和规范村务管理的法律和制度，但执行起来每每走形变样。出现这种结果虽然原因比较复杂，但和这些法律、制度本身的缺陷不无关系。

农村、农业、农民问题的复杂性，不是缩在城市某一宽敞的办公室里就能想象的，解决村长们公正用权问题，必须是在充分、深入、透彻了解农村、农业和农民之后。

二、还权于民，让村民自主选择村长

曾任全国人大常委会委员长的万里同志当年主政安徽时曾留下一句名言：“要相信农民会种田。”

拨乱反正后，国家先后落实了一系列政策，但对农民的政策一直没有真正落实，农民未能真正当家做主。而农民的主人地位不稳定，农村就不可能维持稳定发展。

虽然选举只是基层民主的一小部分内容，基层民主的真正内涵表现在民主监督、民主管理、民主决策上，但是选举毕竟是有形的最直接的民主体现形式。对村民来说，村长选举其实就是利益选择，他们投出去的那一票，就是做出的利益最大化的选择，所以在他们眼里，村长选举是大事。

解放初期，许多刚刚获得土地的农民把豆子放进候选人背后的碗里，一粒豆子代表一张选票，凭着碗里的豆子数，村民们选出了自己的带头人。也许他们其中的一部分只是“随大流”，只是当成一项任务来完成，但这个看似简单的过程却透视出了新中国的缔造者们对农民民主权利的尊重。

1956年社会主义改造完成以后，我国实行了二十多年的人民公社制度。实践证明，这种单一的计划经济体制并没有使整个社会经济步入人们所期望的健康、稳定、快速的发展轨道。自然，在随后以阶级斗争为纲的政治环境里，基层民主更不可能有顺畅的实现通道。

进入20世纪80年代初期，在农村自发突破和国家自觉领导的双重推动下，中国农村广泛实行了以家庭联产承包责任制为主要内容的经济体制改革，并直接导致了人民公社体制的解体和村民自治制度的形成。村民自治实行后,农村实行的多层次的联合经营极大释放了农民的生产积极性,为农村发展注入了强劲的活力,进一步调整了农村生产力和生产关系的矛盾,也促进了我国政治体制的民主化进程。

诚然,向村民负责,顺应民意的村民自治作为现今

信息公开是基层民主的重要内容。

我国农村的治理模式正在成为解决“三农”问题的有效措施。正如孟加拉国总理秘书凯木耳·斯第克博士对我国福建省村民自治情况考察后所说的:“中国的村民自治确实开展得很好,已经取得了确实的进展,农村发展和民主建设得到了改善。可以说,民主自治在中国农村是实实在在的事……中国村一级的地方组织——村民委员会,是一个非常大的成功的例子,它把希望和活力带给了广大农村,他们能够帮助农民发展经济,最重要的是他们帮助中国的基层民主得到有力的发展。”不过,不管怎么讲,我国的村民自治诞生至今不过20年,属新生事物,探索其发展道路需要一个过程。由于各种原因,当前村民自治还有许多不完善的地方,这自然包括村委会选举这一关键环节。

作为村级组织直接上级的乡党委、政府,长期以来最不放心的就是许多村干部,总认为自己亲自圈定的人选最可靠!事实上民选的村干部因更多地站在村民的立场上有时难以驾驭,让行政命令失去威力。但这样做的结果,村干部一个个确实对上听话了,却由于没得到群众的认可,很难在群众中产生号召力。

是什么原因使乡干部的眼光与群众的眼光产生了差距呢?对这个问题,有乡村工作经验和一定认知水平的人都能回答：现在一个乡几万人，乡干部认识的人再多不如群众多，对谁当村干部合适了解得再多也不如群众多。多数乡上干部特别是领导干部都觉得自己见事能力、认人水平、民主意识肯定比群众强，实践证明不一定是这样。

被称为“最富有争议的市委书记”的现任云南昆明市委书记仇和，曾在江苏沭阳县任县委书记期间，用“三改四制”等强硬措施改革村干部管理体制，大力推行村干部公开选拔制，想当村干部，先过村民关。他的这一选人措施让村民们有了他们此前未曾有过的真实的、先决性的发言权；让村民左右未来左右他们命运的人的政治命运，确保选拔出的候选人是自己信得过的人。结果民心顺了，乡上给村里安排的任务完

越来越多的村民积极参加村官竞选。

成得更好了。新当选的村干部都有一个共同的感受，过去自己的命运掌握在乡党委手里，现在是群众掌握他们的命运，要取得群众的信任，就得一心一意为群众办实事。过去主要是对上负责，现在既要对上负责，更要对下负责。

当然，什么事情都得辩证地看。还权于民，放手让村民选村长不是没有弊端。我们毕竟是一个经受了几千年封建传统思想影响的国家，等级观念、小农思想等一时还不能从农民的头脑中消除，多数农民的民主素质不高，权利意识比较淡薄，选举过程中各种意想不到的事情都可能发生。

譬如前文提到的陕西渭南市龙门镇龙门村王文选垫巨资竞选村长。

还譬如辽宁省北镇市赵营子村农民李东辉虽然当选了村长，却因曾送过两瓶酒和一个菠萝被举报"贿选"，始终无法任职。一怒之下将举报人一家5口全部杀害，制造了辽西地区近十年来最恶性的血案。

再譬如北京朝阳区通惠桥北岸东会村的李海元，在很多人眼里，他无疑是一个恶人。1989年，他因抢劫建材商被判刑7年。2000年，他又因非法持有枪支"二进宫"。2007年，他再次犯下三项重罪：故意伤害、敲诈勒索、寻衅滋事，案涉两条人命。但就是这个李海元，在2000年东会村村委会改选时，却以超过半数的选票第一个胜出，高票当选村干部，还分管村里的治安工作。

这些在村长选举过程中要么显得极不正常，有贿选嫌疑；要么是上级党委、政府没能负起监督指导责任，甚至"和稀泥"，一定程度上让矛盾激化，引发"选举暴力"；要么因部分村民的恐惧心理以及试图通过向暴力求助来清算前任村官经济问题的非健康愿望而导致恶霸粉墨登台的个案，一时使农村基层公权和村民自治面临了前所未有的尴尬和困顿。但我们有理由相信，只要真正还权于民，加快自下而上的民主进程，让授权来源于基层，权力服务于基层，并接受基层的监督，让村落真正走上靠民主解决问题的道路，我们期望的社会主义新农村就一定不会太远。因为民主毕竟是个渐进的过程，用温家宝总理的话说："信心比黄金更重要。"

三、关怀村干部应全方位着力

提起村干部，人们讨论的更多的是他们的工作和作风问题，包括媒体往往也摆出一副批评的面孔，而对他们的报酬、社会保障却很少提及。

过去人们把村干部称为半脱产干部，就是一边参与生产劳动，一边从事组织管理。人民公社时期，村干部和其他社员一样，都挣工分。只不过他们一年下来积累的工分肯定比普遍社员高半截，因为天阴下雨社员窝在家里上不了工，而他们总有开不完的会、忙不完的事。对此，社员们总是给予极大的理解和支持。

家庭联产承包责任制推行后至农村税费改革前的二十多年间，"三提五统"、集体经济、土地征用与出租、山林砍伐、其他项目经费补贴等是村级组织的主要收入来源。受自然条件制约，西部地区 80%以上的村子没有增收实体，村集体空虚，一些村子连少得可怜的办公经费往往都难以维持，"一块小馒头"还要掰着吃。村干部的待遇虽然有明文规定，按地域不同、村庄规模也分别界定了不同的等级，但共同的一点就是分别由各村自行解决。这在具体执行过程中出现了颇多问题，许多村干部胡抓乱挖，把负担转嫁到了农民头上，这也成了一段时期农村干群关系紧张的症结所在。

农村税费改革后，村干部被大幅度精减，一批能力强、威信高、素质比较好的干部担任了村一级主要职务，村干部工资也全部实行财政转移支付，一些财力比较好的地方还建立了村干部报酬正常增长、医疗保险和养老保险“三位一体”的激励保障机制，彻底改变了过去依赖农民负担的状况，使村干部报酬有了稳定的来源。

但一个新的问题又随之出现了，村干部的大幅度精减和新农村建设的快速推进，让现任村干部的工作量明显增加，村干部由过去的“半脱产”几乎变成了“全脱产”，繁重的工作任务与现实待遇水平之间又形成了强烈的反差。

西峰区在庆阳市算是条件最好的，从 2007 年开始，区上把村干部职数统一定为大村 4 职(即:村支部书记、副书记、村主任、副主任兼文书)，小村 3 职。村干部正职年享受工资 3600 元，副职 3360 元。而区上机关单位刚参加工作的大学本科毕业生一年的工资接近 3.8 万元，还不包括其他福利。同样是西峰区，2008 年农民人均纯收入为 3166.8 元，按一个四口之家算，一年的纯收入应该是 1.27 万元，一个村干部一年的工资收入也就相当于一个普通农村家庭年收入的四分之一。

日前，从高层透露出信息，中央将进一步提高村干部工资待遇，进一步调动其带领农民致富的积极性。消息一经传出，立即受到社会广泛关注，讨论的内容不外乎两种,一种是认为村干部工资待遇符合当前农村实际,不应再调。持这种观点的人认为:从表象上看,村干部工资偏低,但村干部的收入远远不止这些,他们大都有隐性收入,例如:征地拿回扣、集体项目发包捞点“烟酒钱”或者暗中参与分红,一些建设项目实施过程中给村干部私下还支付协调费、跑路钱等等,即使拿着规定的“死工资”,和公职人员比起来不算高,但是和左邻右舍下苦力的村民比起来就不是个小数目。况且村干部是两边挣钱,一边是村上拿工资,一边又是自家地里有收入,一人赚两份。另一种认为村干部一年忙到头,吃苦受累的,最终连个普通农民收入水平都没有达到,有失公允,必须提高待遇。持这种观点的多是些身在其位的村干部以及他们的家属、亲属,一些县乡干部也赞成这种意见。

西峰区温泉乡何坳村副主任何相君感到自己的工资确实低。他已年过半百,原住在崔山自然村,那里是纯山区,忙碌一年没有塬区农户一月收入多。七年前妻子病故后,他下决心把家迁到了离城较近的西坳自然村。他说,自己现在借住别人的旧房子,儿子前年当上了志愿兵,实际眼下只有两个人的负担。按西峰区的政策,他现在一月领280元工资,怎么过日子都紧张。说起隐性收入，他承认多少有些，但全部算进去，每月也超不过千元。正常过日子、平时种田都要花钱，靠自己这点工资一年积攒不了一万元，儿子还要结婚，要盖房子，他真不知道钱从哪里来？为了省钱，他平时连小麻将都不敢玩，抽的烟也是最便宜的，进城极少买饭吃。想从地里刨几个钱，却难有精力和时间。也不知乡上和村上哪来这么多的粘牙事。看起来当了个村干部，其实还不如给工地当小工挣钱多。说这些话的时候，他一脸无奈与惆怅。

村干部的工资待遇问题早引起了某县常务副县长的注意，他本身是乡长、乡党委书记出身，任副县长以来又一直分管农村经济工作，长期和乡村干部打交道，对基层的情况很熟悉。

他认为人都是现实的，生活就是柴米油盐酱醋茶。村干部也是人，也需要养家糊口。在市场经济日益发展的今天，村干部的待遇落实问题显得更为重要，因为计划经济时代的那种无私奉献、义务工观念逐渐淡薄了，农村工作也日益复杂化，农村能人们已不安于固守乡村和独守责任田，没有一定的待遇很难留住他们。当前村干部积极性不够高，无非有三方面原因：一是经济待遇比较低，随便找个工作挣得都比村干部多;二是政治地位不高,处于管理岗位的最低层,是干部官儿都比他们大;三是辛苦,一年四季,没白没黑,没节没假。村干部的待遇问题已影响到了他们的工作积极性和整个农村干部队伍的稳定。当然,在提高村干部待遇的同时,要加强监督管理,对一些违法乱纪现象和腐败行为一定要严肃处理。

事实上,关于村干部的待遇问题,中央是高度重视的。中央1号文件曾提出要积极探索从优秀村干部中考录乡镇公务员、选任乡镇领导的有效途径。中共中央政治局委员、中组部部长李源潮在全国农村基层组织建设工作座谈会上强调要推广"定权责立规范、工作有合理待遇、干好有发展前途、退岗有一定保障"的"一定三有"经验。中组部表示将通过建立健全选拔任用、教育培训、激励保障、监督管理四大机制,突出抓好村干部队伍建设。

一些地方坚持实施基层干部"关爱工程",制定了一系列规范化制度。相当多的县、区出台了规范村干部报酬补贴及养老保障办法,通过财政转移支付和村集体收入兑现,结束了村干部"不食官俸"的历史。

中国地域广大,地区差别明显,尽管村干部的待遇问题在逐步解决,总体情况在逐步好转,但作为一个热点问题，村干部待遇仍不可忽视。

一些“三农”问题专家认为：村干部在落实党的路线、方针、政策，维护社会稳定，建设小康社会，加强“三个文明”建设上起着至关重要的作用。关怀村干部，就是要在建立健全激励保障机制上下功夫。除了积极探索选拔优秀村干部进入乡镇公务员队伍外，还要认真研究村干部的报酬待遇落实以及正常增长机制问题、村干部的社会保障问题等等。

一句话，要全方位着力。

也只有这样，才能为农村改革发展打造出一支想干事、干好事、能干事、能干成事的村级干部队伍。

四、大学生村官：折射中国乡村治理新动向

2008 年两会期间，中组部部长李源潮透露，经中央同意，中组部等有关部门决定用五年时间选聘十万大学生村官。目前，各地大学生村官的招录工作正如火如荼地进行，加之先前各地方政府招录的大学生村官，全国大学生村官数量已十分可观。

提起大学生进村，人们首先联想到的是几十年前大规模的城市知识青年上山下乡活动，一样的知识青年，一样到农村去，一样是党和政府引导与鼓励，一样最终要返回城市，似乎历史又再重演！

但这只是现象，本质上却大为不同。当年的知识青年上山下乡其目的纯粹是为政治服务，发动者的初衷是想让缺乏困难磨炼的城市青年到农村艰苦环境中去接受教育，以便更好地担当起革命接班人的重任。对于选派大学生村官这一行动，中央显然是经过深思熟虑的，一方面在目前经济环境下，城市就业压力很大，各国都不例外，开辟就业通道成了各国政府缓解金融危机的重要法宝；另一方面，对于中国来说，农村发展已迫在眉睫，它影响和左右着整个中国现代化的进程，尽管当代农村欠发展的原因很多，但村级组织领导发展的能力欠缺是不争的事实。正如前文所说的，从现状看，提高村干部的整体素质还需要一个相当长的过程，而发展又刻不容缓，这就需要有一些促进发展的过渡措施，在这样的背景下选派大学生村官显得既适时又尤为必要。

作为一项新生事物，大学生村官们在搭建农村人才“高地”、促进城乡人才双向流动、改善农村经济状况和村级班子结构、更新农村干部群众观念、传播先进思想文化、促进农村稳定和谐等方面的作用不可低估，其积极意义是有目共睹的。

庆阳市 2008 年开始选派大学生村官，现在已任

合水县牧家沟村部。

职的有42名。

陈娟娟就是这42名中的一员，她现任合水县老城镇牧家沟行政村村主任助理。老城镇历史上是合水县政府所在地，虽然后来县城迁至西华池塬上，但依然比其他乡镇繁华。把陈娟娟安排到牧家沟村任职，可能出于两方面考虑，一方面因为她是老城镇人；另一方面牧家沟村是省级新农村建设示范村。她毕业于河南商业专科学校，学工商管理专业。2008年6月份下村后，她主要是帮助计生主任填写档案、整理表册，开春后顶凌覆膜和农业结构调整任务重，她又下去帮助工作，平时也跟上村支书、村主任打一些下手。她说，刚开始时，可能方法不得当，不太适应，现在人熟了，工作顺手多了。对这份工作她比较满意，认为比外出打工踏实多了。上了几年学,又能返回来给乡亲们服务让她感到些许欣慰。

对这位本土长大的大学生村官,牧家沟村委会主任赵海荣只有一句话评价:“娃娃好着哩!工作很认真。”

老城镇党委书记王永新说,2008年他们镇下派了两个大学生村官,都是女孩子,两人都是农村长大的,毕业后因一时难以就业,先后到南方打过工,因而对得到的这份工作格外珍惜,兢兢业业,认真负责,基本素质都不错。如果要说不是,主要是基层工作经验少,缺乏历练,有时不知道工作怎么开展。

一位工作得颇为充实的大学生村官在日记中写道:“半年过去了,我赢得了村集体的认可,村集体也乐于将各项任务交给我。虽然我是书记助理,但更多的时候也是村主任助理、村长助理、会计助理……农村纷繁复杂的工作,使我面对着各种各样的任务和挑战。村里建了数码电影厅,我就成了放映员;村里举办新年茶话会,我就成了活动策划者和幕后‘龙套先生’;十年一次的农业普查来了,我又成了佩戴工作证的指导员……虽然很累,我却乐此不疲,因为我知道这些工作关系到全村村民的利益,同时,我也可以在这种忙碌中学到不少知识，锻炼成长。”

河北邯郸比庆阳早两年选派大学生村官。为了使大学生村官能够真正走进农村，他们结合全县开展的“一村一名大学生村干部”工程组织了一次专题调研，结果很有参考价值。

调查人员通过问卷和实际接触了解，感到有三个不可低估：一是大学生创业农村的热情不可低估。在问卷上，大学生们对村官表现出极大的热情，他们或出身农村，熟悉农村生活，希望能用自己的学识和智慧改变农村落后的面貌；或生在城市，对新农村建设有兴趣、有见地，愿意到农村施展才华和发挥本领。他们选择当村官，虽然不能排除就业压力的影响，但从另一角度证明，他们有克服农村条件差的心理准备。二是大学生的组织协调、交流能力不可低估。人们发现，报考村官的大学生大部分担任过班、团、学生会干部，都参加过社会实践活动，其语言组织表达能力、交流沟通能力都比预想的强许多。三是大学生村官活动设计对人才的培养和锻炼作用不可低估。许多乡镇领导对大学生村官持乐观态度，认为他们从基层起步，到农村创业，是“实绩用人”理念在选才用才环节的生动体现。

同时他们也发现了三个不容乐观和三种担忧，即：大学生对农业政策的掌握程度不容乐观；对创业困难的认识不容乐观；大学生专业状况和农民期望差距不容乐观。乡镇干部担忧大学生村官能否长久；村干部和村民担忧大学生的知识能否用得上；大学生自己担忧三年后能否有个好出路。

其实，人们对大学生村官的不同看法和担忧是完全正常的，作为新生事物，其发展必然遵循事物发展的一般规律，这就决定了它在当前具有探讨性，甚至在某一阶段会走弯路，因为发现问题而否定选拔大学生村官政策设计是没有道理的。正如有些学者讲的，大学生村官工程的成败取决于多种因素，县乡政府的重视和支持力度，村干部和村民的配合态度，大学生待遇的落实程度，专业素质、组织协调能力与村子发展的实际对接状况，村子里多种力量此消彼长给大学生村官作用发挥提供的空间等等。至于说一些大学生村官不知道在村里干什么。这个问题要和整个"三农"问题连起来去看，土地承包到户后，农民各自为政，管理农民和提供公共服务一直是基层政府头疼的问题，税费改革后村级组织可以自由支配的资金更少了，无钱干事和事难干成了村干部们的普遍感觉，真正的村官尚且知难，何况初入社会的大学生呢？

因此，不能把眼光局限在片面强调经济发展层面上，按社会主义新农村建设的要求推动组织制度创新、民主理念创新、管理思想创新和文化传播方式创新等恰好是新一代大学生们的优势，抓住了优势，不就是牵住了千里马吗？

当然，中国现有近70万个建制村，有300多万名村干部，即使每个行政村都选派一名大学生村官，他们在村干部中所占比例仍然很低。不能因为选派了这些大学生村官而苛求所有村庄短时间发生翻天覆地的变化。不过它是一汪源头之水，折射出了中国乡村治理的新理念和新动向，让人们对田野充满无限向往。

第五篇

让文化在村庄觉醒和复苏

无论过去还是现在抑或将来，农村文化的发展总会强烈地牵动中国文化建设的神经，无论是过去的10亿人口8亿农民，还是眼下的13亿人口7.4亿农民，尽管随着工业化、现代化与城镇化的快速推进，中国农村人口总数还在逐年下降，但数以亿计的庞大文化消费群体在田园阡陌之间的现实存在，足以让决策层乃至全社会为之侧目。

让文化在村庄觉醒和复苏

无论过去还是现在抑或将来,农村文化的发展总会强烈地牵动中国文化建设的神经，无论是过去的10亿人口8亿农民，还是眼下的13亿人口7.4亿农民,尽管随着工业化、现代化与城镇化的快速推进,中国农村人口总数还在逐年下降,但数以亿计的庞大文化消费群体在田园阡陌之间的现实存在,足以让决策层乃至全社会为之侧目。

道理很简单，农村社会稳定除了取决于经济发展,还取决于文化的发展,没有一个具有凝聚力的核心价值体系,农村不可能稳定发展。

一位西方哲学家曾说过:“如果没有精神,我们就会死去。”精神与文化娱乐是人的本质,它涵化着人类的必然命运。作为一个社会阶层,农民肯定有自己精神和文化娱乐上的追求。

毫无疑问,精神文化需求是伴随着物质生活日益丰富而不断上升的,正所谓国家强盛,必然带来文化繁荣。在物质极度匮乏的年代,中国农民就“安贫乐命”,在田间地头结合劳作“手之舞之”、“足之蹈之”自娱自乐,“仓廪实”之后,他们又追求“知礼节”。用各自独特的方式展现淳朴、勤劳的品质与自信、乐观向上的风貌,让业余时光和精神层面绚丽动人、丰富多彩。

一、“草根文化”在农村日益繁茂

要满足近 8 亿农民的文化需求,就必须让农民自己成为农村文化的主体。千百年来,农村一直为文化繁衍提供着最肥沃的土壤。发源于农村,服务于农民的各种“草根文化”以其贴近农民、贴近现实,深受农民欢迎,目下已成为政府公共文化服务的有益补充,也成为新的文化产业的增长点。

55 岁的王选是一个家族乐队的头,或者叫班主。他二十多岁就跟着叔父学吹唢呐,在陇东走乡过村雇红白事。那时虽说挣不了几个钱,但在生活异常艰辛的西部农村,经常能酒肉穿肠,他也很满足。

改革开放后,农村生活芝麻开花节节高。农民们对过红白事也越来越讲究,小到满月生日,大到婚丧嫁娶,都想排排场场地热闹一番。他感到一下有了用武之地。为了把摊子扑腾大,他利用农闲时机向儿子和几个堂弟不遗余力地传授手艺。几年下来,家庭乐队不但拉起来了，而且名满四乡。

虽然他们都只有小学或初中文化程度，不识乐谱，但他们天性聪慧，能吃苦、肯钻研。现在每人吹拉弹唱都练会了好几手。这几年，市里、县里的剧团演出任务少，不太景气，他们便趁机把城里的演员请到乡里来联袂演出，这一着让乐队的演出水平一下子上了大台阶，俨然变成了小剧团。

2007年11月，温泉村李老汉庆祝八十大寿，他们不但全班子上手，还应事主的要求搭起了大戏台。先演折子戏《打金枝》、《二进宫》，然后插科打诨。台下人头攒动，一些正在凉棚内吃饭的客人也经不住诱惑，放下筷子跑出来看热闹，那情形像农村过庙会似的。客人们都说，他们比赵本山、潘长江演得还逗、还好。尽管李家为此花了两千元钱，但李老汉饱经沧桑，洞悉"天地之苍茫，人生之一瞬"，提起这事便高兴地连说"值得，值得"。

环县位居陕甘宁三省交界，以干旱缺水闻名。特别是县北部，山大沟深，地广人稀，几年前大部分山村还不通电、不通路，正是这种严酷的生存环境成就了道情皮影这一土生土长的民族民间艺术。

在那个没有汽车、电灯的年代，一匹毛驴驮着装满皮影道具的箱子,几个艺人背着属于自己行当的乐器,穿梁过沟,硬是把色彩与精神送到了一个个孤独的村庄。

环县道情皮影俗称“灯影子”、“小戏”或“老道情”。过去主要是在山村庙会上唱,慢慢地演变成农村婚丧嫁娶都请去唱,甚至还愿、祝寿、小孩满月、孩子当兵、娃娃考上大学也常常要有皮影戏助兴。

环县道情皮影以悠扬激越的道情为演唱曲调,以精雕细刻的皮影为表演形式,以包括历史故事、民间传说、乡土风情、神戏在内,具有惩恶扬善、高台教化作用的剧目为表演内容,借鉴戏曲的叙述与演出手法,成为大山里人倾诉感情、丰富业余生活的极有益的一项民间文化活动。

环县道情皮影保护中心副主任王立洲说:现在全县有 50 个戏班、485 名表演艺人,平均每个戏班一年演出近 100 场。这些艺人几乎都是农民,手里农活一消停,他们就出来唱戏。

2008 年春节,一向冷清的环县县城一下从山乡里涌进来了 18 家皮影戏班,县直机关单位和居民挨着请去演出,把县城唱得红红火火的。

现在道情皮影已成为环县一张烫金名片。2002 年

6 月，环县被中国民俗学会命名为“中国皮影之乡”。2007 年,应法国卡昂国际文化博览会、奥地利国际木偶皮影艺术节组委会、荷兰阿姆斯特丹音乐厅等国外文化机构的邀请,由几位农民组成的环县民间道情皮影艺术团相继对上述欧洲三国进行了访问演出,并进行展、演、销三位一体的民间文化交流活动。这是继 1987 年访问意大利 20 年之后的又一次农民组团出国演出。访问演出结束返京后,艺术团又在文化部、中国音乐学院、解放军艺术学院、国家图书馆、中国艺术研究院进行了汇报演出和讲座活动，和洋人们、和名人们、和大领导们能面对面交流,这让世世代代都在大山深处转圈圈的农民们真正体会到了扬眉吐气的滋味。

王立洲欣喜地告诉我:2008 年 4 月 11 日,日本亚洲宽步传播公司摄制组来环县进行了为期 10 天的调查采访，期间跑遍了环县的沟沟峁峁。摄制组将于 5 月中下旬拍摄一部关于环县道情皮影的纪录片,计划在日本 NHK 电视台播出。5 月 4 日,他带环县皮影艺术团又要到比利时、荷兰访问演出。是农民艺术家们给他提供了这次让同僚们羡慕不已的出国机会。

和环县毗邻的镇原县是西汉著名思想家王符的故里。这里文化底蕴深厚,素有“书画之乡”的美誉。古往今来，多少乡村文人田间辛劳之余结缘翰墨，在咫尺方寸之间放飞梦想、寄托精神。

姬文新是该县城关镇一位青年农民，自幼与丹青投缘，主攻牡丹。他的作品多次在《中国书画报》、《农民日报》、《甘肃经济日报》等刊物上发表，多幅作品被毛主席纪念堂收藏。为了迎接2008年北京奥运盛会，他从2002年起，历经五年，呕心沥血，创作完成了长达140米，宽1.2米的工笔牡丹长卷“千古一春·献奥运”，画中2008朵牡丹神态各异、鲜明生动。由红色牡丹花组成的奥运会会徽、五色牡丹组成的奥运五环、粉色牡丹组成的“北京”字样等寓意深远，格外醒目。画卷一面世，便引起广泛关注，中央电视台、甘肃电视台等多家媒体争相予以报道。

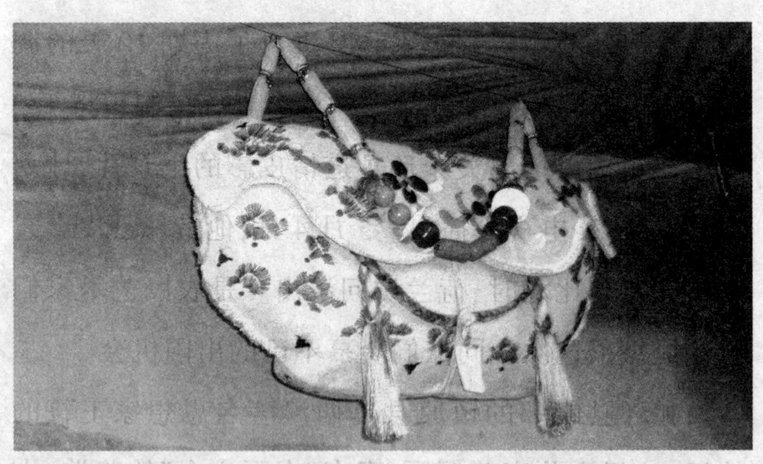

华池县的千岁香包。

对陇东来说，香包不仅是一个重要的文化载体，而且香包产业还给农民带来了巨大的收入。

庆阳剪纸，名扬四海。

像姬文新这样的农民书画家，在镇原县能找出二三百人。他们像大山里的山丹丹花一样，旺盛地生长，自由自在地开放，点缀着、装扮着这一方略显贫瘠但却充满神奇的黄土地。

香包、剪纸、刺绣，作为民族民间艺术，它和这里的黄土地一样厚重，一样古朴悠远。在全国众多的香包、剪纸、刺绣艺术中，庆阳由于地理位置偏僻和交通塞闭，形成了文化封闭。正是这种村庄的树荫下，农家的热炕头，手把手传承下来的手艺，使得最原始的文化形态在这里得到延续。

一年四季，当你来到庆阳的乡村，处处可见庄前屋后、农家小院里奶奶、婶婶、媳妇、姑娘围坐一起，一边说笑着家长里短、锅碗瓢盆，一边飞针走线，绣荷包、剪窗花、纳鞋垫，细细碎碎的阳光，映在她们的脸上，溢满安详和幸福。在这里，你仿佛步入了艺术殿堂，在这里，你会深深地体味到，美源于生活，纯朴、自然才是生活的本真。

靠一把剪刀、一个针线包，坐在树荫下或炕头上，利用农闲时，可冬可夏，可快可慢，由心制作。没有人能统计清楚庆阳农村究竟有多少妇女从事着这项工作。但每年庆阳端午香包民俗文化节上，从十里长街人流如织、摩肩接踵的景象上,从那展棚内花花绿绿、琳琅满目的挂件上,从游人灿烂的笑容上,你一定能感觉到什么叫丰富多彩与蔚为壮观。

草根文化雨后春笋般在各地农村的大量涌现,既繁荣丰富了农村娱乐活动,也为人际往来、社会整合提供了广阔的空间与平台。

中国社会科学院文化研究中心研究员章建刚认为:在我国广大农村出现的形式多样的自办文化活动,正在超越舞台本身,在新农村建设中产生积极的影响。

二、年味变淡拷问农村传统文化的丧失与扬弃

网友刘宝庆说:“喜度春节,有些人却感到年味越来越淡了。其实这是传统的过年方式悄悄发生了变化。面对淡年我们不能一概全盘否定。春节的淡化是社会的进步,也没有什么不好的,说明了人们观念的变化。我也感觉过年越来越没味道了,但并不以为这就是社会的进步,相反,我倒觉得年味变淡是传统文化的丧失。”

年是农村传统文化的盛典。正如鲁迅先生在小说《祝福》中写的:“旧历的年底毕竟最像年底,村镇上不必说,就在天空中也显出将到新年的气象来。”在我们

这一代人温暖的记忆里，农村的年从腊月二十三要过到正月十五。过去的年节，简单而热闹。只要时令一进入腊月的门槛，就有点忙碌着要过年的气象了。首先是要社火的锣鼓家什敲响了。狮子、旱船、高跷摆满场院，花花绿绿。锣鼓一响，孩子们就疯了一般围上去，闹腾得一个比一个欢。

这期间，天天都有让孩子快乐、让青年满足、让成人充实、让老人宁静的礼俗。正是这些吉祥喜庆的礼俗，让这个几千年延续下来的、有着厚重传统文化内涵的节日充满温馨与魅力。按农历，腊月二十三是灶王爷升天的日子。灶王爷是管嘴的，位高权重。为了让

过年了，挂一串红灯笼，图的就是个喜庆。

这位神仙“上天言好事，回宫降吉祥”，家家都在灶台上摆起香案、贡上祭品，默默祈求来年风调雨顺、五谷丰登。这一天也是扫尘的日子，就是年终大扫除。因“尘”与“陈”谐音，新春扫尘有“除陈布新”的含义，意思是要把一切“穷运”、“晦气”统统扫地出门。因而主妇们对腊月二十三这个日子格外重视，总是早早地起床，烧开一大锅水，把门帘、窗帘、床单、被套等能揭的一股脑儿揭下来，然后一件一件地洗，一件一件用清水淘，再一件一件晾出去。二十年前农村还没有洗衣机，就一条木搓板、一只铝盆。陇东的腊月异常寒冷，看着盆子里上下翻飞的水珠和被泡得赤红的双手与胳膊，我曾不止一次地想：为一个传统习俗，这样累死累活的，女人们真是太辛苦了。许多旧事在记忆里渐渐荒芜，唯有这些情景，今天想起来仍温暖而伤感。

腊月里还有两件事让人难以忘怀。一件是去看杀猪。“有钱没钱，杀个猪过年。”这是农村流传久远的风俗。诚然，在那个生活困难、物质极度匮乏的年月，杀个猪，坐在热炕上，装暖锅、炒血肠、包饺子、喝黄酒，油汪汪地吃几天，还真是满足亏欠了一年胃口的最佳选择。

陇东这地方，进入腊月，各村庄都会设杀猪摊点。

猪早早地被赶了过来。男人拉着架子车,车子上放着谷草秆,还有接血用的盆子、装下水用的筐。女人站在一边,盯着若无其事还在用嘴拱地的猪,心里酸酸的,毕竟是一条鲜活的生命,毕竟是自己朝夕相伴看着喂大的,尽管是一头畜生,但这一年来寄托了她多少情感啊!

"该你家了",杀猪匠一声喊,几个帮闲忙的便摩拳擦掌,赶的赶,抓的抓,你喊我叫的忙起来。很快,几个人一拥而上,揪耳朵的,抓前后腿的,一声呐喊,猪便被摁上了案子。猪大声叫着,让最后的声音传遍村子的角角落落。在这里,杀猪匠永远是主角,他一脸霸气,满身油腻,高高站在杀凳边,一用力,尺把长的刀子便捅进了猪的颈部,随着刀子抽动,血"唰"地狂涌而出,流进杀猪匠脚下的血盆里。

接下来是烫毛、上架、去头、开膛,一头滚圆的猪瞬时被干净地劈为两半,油亮亮地闪着诱人的鲜色。虽然这过程有点骇人和血腥,但在我记忆的深处,它应该是过年不可或缺的内容。

另一件是过年放花炮。据说远古有一种凶猛的怪兽叫"年",一年四季伏在深海里,但逢新旧岁之交,便出来糟蹋庄稼、伤害人畜,百姓们困苦不堪。有一次它又跑到村庄里祸害，被一家门口晾的大红衣服吓跑了；到了另一处，又被灯光吓得抱头鼠窜。于是人们掌握了“年”怕声音、怕红色、怕火光的弱点。每当年末岁初，人们就挂红灯、贴红联、放鞭炮。

可能是天性使然，男孩子对放花炮有特别的爱好。尽管有二十年的时间我都没有纵情地燃放过花炮了，但那种在爆响声中度过新年的美好感觉却时常萦绕心头。小时候家里日子紧张，自己更不会有零用钱，买不了多少花炮，即便买了，能分到自己手上的也很少。那时候花炮品种单一，最流行的是那种100支或200支一串的小红鞭炮和50支或100支一捆的大鞭炮。再有就是手工制作的一毛钱买5~10个的手摔炮。这些炮仗爆炸的威力似乎一点都不大，但在那个时代，谁要能有几串几捆那样的炮仗就已经很值得炫耀了。因为鞭炮少，所以不敢整串放，只能剥去红色的包装纸，再小心翼翼拆了绑线，然后一个一个地放。这样在兴奋、期待和零碎的鞭炮声中，我们迎来了新年。记得有一年，父亲实在没有额外的钱给我们买鞭炮，我只好央求姨父。事后，父亲一脸严肃地对我说：“咱人穷，但要有骨气；三天不吃，还要装个粜米的。”多年来，每每看到放炮，这话就在耳畔响起，成为我做人处事的一把戒尺。

然而随着时代的变迁，一些旧的年俗逐渐式微甚至消失。现在农村孩子玩具多，特别是电视、游戏机吸引了众多孩子天真无邪的目光，对于过年放鞭炮，他们已经远远没有我们那时的热情了。现在农村过年放炮更多的是一些带着怀旧心情的中年人，他们这样做无非是图个吉利喜庆，无非是割舍不下自已内心中的那一份鞭炮情节，无非是孩童时对鞭炮的美好记忆让他们舍弃不了放炮这种获得欢乐的手段，无非是让自己获得一种心理上的安慰与寄托。

压岁钱倒是越发越多，但孩子们似乎不稀罕了。

千百年来，回家、回乡下过年是游子们最大的心愿。不管身在何处，无论风光落魄，长途跋涉、风雨兼程赶回家和亲人团圆，似乎是这个传统节日最大的魅力。现在有了手机和互联网，加之一个又一个黄金周，让团圆与问候容易了许多。过年回家的自然少了，于是就不断有人抱怨说：这年还像年吗？

在我们老家，旧俗是除夕夜要挨门逐户向长辈们叩头拜年。大年初一，要全族祭祖。初二初三就要去舅家、岳丈家拜年。大人们往往坐在热炕上喝酒、聊天，孩子们则放炮、嬉闹，一切显得喜气洋洋、和和睦睦、

过年时回家吃一顿团圆饭，是许多身在异乡的成年人的梦想。

热热闹闹。如今农村年轻人大多外出打工，初三初四就出门了。乡间小路上川流不息、大包小包的拜年人群越来越少。年味淡自然成了真实的感觉。

对年味淡化感受最深切的是些老年人。王有亮是宁县和盛镇一位土生土长的农民，虽然年近古稀，但身板依旧硬朗。谈起过年，他连声感叹："现在过年不愁吃，不愁穿，无忧无虑，却不热闹了。社火不演了，有些人连春联都懒得贴了。娃娃们一头钻进电视里，年轻人只知道'挖坑'(一种扑克游戏)、打麻将，没感觉年就过完了。"

面对年味淡化，一些学者坐不住了，开始站出来大声疾呼。河南民俗学家高有鹏教授在《保卫春节宣言》里提出："面对西风盛行，西方文化的日益渗透，我们必须树立传统民族文化意识,从现在做起,从小事做起,保卫春节,保卫传统文化遗产。”

多年在国外生活的赵义教授认为:保卫春节宣言,让人感到几许悲哀。多年在国外不知道国内春节年味到底淡化到了何种程度,不知道春节是不是真的已经沦落到需要被保卫的地步。但有一点是肯定的,没有年味的春节,也就没有文化味,没有了相应的传统文化特质与民族精神内容。

由此看来,让春节这一民族文化节日回归传统才是正道。让农民们在冬尽春来、万物萌芽的自然时节,尽情举行各种年节礼仪,充分享受农家小院的温馨与亲情,这难道不是人们追求的年味和幸福生活吗!

当然,传统文化要生生不息,关键在于新的创造。传统节日也需要经营,需要打造,需要与时尚的文化元素结合。没有创造性,传统文化很难衍生。人们对传统文化衰落的担忧,本身表明近年来复兴传统文化的努力并没有成功。因此,建立文化规制,在文化创造和公共利益之间寻求平衡至关重要。相信一切“与时俱进”的观念与行为现代农民都是乐于接受的。

三、理性看待农村公共文化服务体系建设

时令进入十二月,虽然天空一片雪花未飘,但北方已滴水成冰。由于丧失了绿色，四野显得瘦削而空落，远远望去，群山在瑟瑟的冷风中仿佛缩成了一团。

华池县是庆阳市北部的一个小县，所辖元城镇紧邻陕北定边县。和西部广大农村并无二致，这里山大沟深，植被稀疏，大多数村民还生活在闭塞和贫困中。但由于境内有石油资源，有油田作业区，集体经济却相对富裕。2005年，当时的镇领导大胆决策，在镇子边上建起了文化体育广场，虽说占地面积不到10亩，但规划得却很是气魄，彩砖铺地，瓷砖贴墙，篮球场、健身器材一应俱全。随后他们又在广场边依山势建成了“兴元山公园”。限于条件绿化没有跟上去，亭台石阶却一样不

气派的农村文化广场。

少。就当时来说，应该是一大创举，即使放到今天，在庆阳这块地方，乡镇自建公园的也属凤毛麟角。

关于广场和公园的功用，饭馆的王老板最有发言权。他是元城当地人，馆子就在广场边上。见有人问话，他一边招呼客人，一边直爽地告诉我说："刚建成时，确实好！一方面一砖一石都是新的，十分美观；另一方面小地方自古没有过这排场，很新鲜。所以每天来看热闹的人很多。一两年以后，大家的热情一过，就冷清多了。现在除了外地人偶尔停车或驻足望几眼，当地人已很少光顾。也没有那么多闲时间呀！乡镇乡镇，说白了一半在城里，一半在农村，眼睛一睁忙到天黑，上至乡干部、村干部，下到店老板、种地的农民，都一个样。"

王老板一边收拾桌子，一边把目光转向对面的广场，表情有些复杂。沉默了一会，又忐忑不安地说："游人少了，面貌旧了，怪话就跟着来了。一些农民干脆说，当初还不如把钱投给他们盖房子。"

说完，他自己先笑了："这是乡里人的见识。"

"农家书屋"工程是新闻出版总署等 8 部委于 2007 年初共同发起实施的一项惠及广大农民群众、推动农村文化建设的重大工程，被列为国家公共文化服

肖金镇图书馆。

务体系建设5项重大工程之一。

甘肃2005年底开全国之先河，率先在全省范围内开展“农家书屋”工程。截止到2008年10月份全省共建成农家书屋600多个。据了解，“十一五”期间全省农家书屋将达到1万个。

肖金镇米王村是个有将近3000人的大村子，去年新建的书屋就在村委会二层小楼上。两间大的房子里靠墙放着四五组书柜，铺着瓷砖的地板中间四张桌子并在一起，十几条凳子把桌子围成一圈。进入腊月后，虽然村民的时间都比较宽裕，但来书屋借书、阅览的人并不多。

管理员张玉奎是个勤快人，房子收拾得干干净净,2000多册图书分农业、医学、文学、艺术、文化、综合六类,整整齐齐地摆放在书架上。

他是个退休干部,对于报酬,他并不在乎,主要是想发挥余热给乡亲们服好务。他坦率地讲,书屋刚建成时还比较热闹,他也很热心。后来人慢慢少了,他天天守着也感到没意思。

对农家书屋的情况,肖金镇文化站站长左润和心里有一本账。他在肖金镇当文化专干、文化站长已有24年了。他介绍说,全镇现在已有11个村建成了农家书屋。书柜、桌椅、图书全部由上级文化部门配,房子由各村自建或调剂。他说,各村的情况都差不多。按道理讲,现在农村养殖、种植、加工都有大量的新技术需要推广,农民们有这方面的要求,而上面配发的图书正好涵括了这些内容,农家书屋能大量提供农民需求的技术与信息,但结果却不尽如人意。一方面大量的年轻人外出打工,农村的农活多,村里留守人员年龄偏大,加之现在电视、手机、网络信息发达,去农家书屋借书的人就比较少。除非养鸡、养猪、养鱼或经营果园的农户遇上了解不开的难题,才会从书本上去找答案;另一方面,管理上有漏洞,村中的书屋大多数时间都是门上一把锁。不要说村上,镇上的情况也好不到哪里去。肖金镇文化中心位居肖金街道繁华路段,而肖金镇距庆阳市只有15公里, 是庆阳市的一个大乡镇。1979年文化站成立时就有了图书室,经过累年的添置,现在有1.5万册图书,比西峰区任何一个乡镇都丰富,藏书量甚至超过了区上的图书馆。

左润和既是文化站长, 又是图书馆馆长兼管理员,他感觉图书馆的作用并没有发挥出来。他就住在图书馆隔壁,为了方便群众,平时他随叫随到。即便如此,来借书的人还是越来越少,现在平均每年来借书的人只有几千,这和七八十年代每年两三万的借书人群相比真是天上人间。

他说,虽然现在物质生活日益丰富,但文化生活却没有进步, 甚至还不如以前。就拿镇文化站来说,1982年镇文化中心成立时,下设广播放大站、文化站、电影队、工艺美术部、农业科技咨询服务部五个部门,工作人员就有19个。1983年省上把肖金树立为“全省农村文化艺术工作先进集体”, 并在这里召开了现场会。1984年镇上还盖起了有888个座位的电影院,这在庆阳地区乡镇一级独一无二。现在电影院已经停用很多年了,除了偶尔接待一些外来演出团体,偶尔搞一些文化活动外,基本不再开放。

由于工作量不“充盈”，为了挖掘潜能，左润和现在一边当文化专干，当图书管理员，一边练习书法、装裱字画，还给婚丧嫁娶制作匾幛。

2008 年 6 月，庆阳市西峰区政协专门组织部分委员和文化界知名人士采取实地察看、走访、座谈的方式，对农村公共文化服务体系建设情况进行了一次调研，把存在的困难和问题总结为：基础设施建设滞后；经费普遍投入不足；专业技术人员严重匮乏，特别是乡镇文化站建设存在断代现象；村级文化设施服务没有得到充分发挥；乡（镇）村级文化阵地普遍存在无规划建设或规划不合理现象；对文化如何产业化观念不新、思路不宽等六个方面。

合水县是一个只有 17.4 万人的农业小县，按照“相对集中，先易后难，公路沿线，示范性强”的原则，2008 年全县共建设了 14 个农家书屋。这些书屋选址全部集中在行政村村委会，书屋管理人员都是村支书或村主任兼任。条件最好的要数老城镇牧家沟村，这里是省级新农村建设示范点，村支部 2007 年新建时配套了党建办公室，有电视、电脑设备，有图书室、阅览室，有群众文化活动广场，硬件设施达标，而且由于靠近 309 国道，村庄密集，人口众多，文化活动相对比较繁荣。

合水县文化馆的干部告诉我说，像牧家沟村这种情况的毕竟是少数，大部分书屋其实都在村部，钥匙在村干部手中，干部在书屋则开，干部走书屋则关。另外，图书管理确实难，村干部都很忙，借阅手续难以规范，农民观念又陈旧，自觉意识较差，借出去的图书往往难以按时归还，有些索性就不开放借阅，除非上级检查。

说起上级检查，一些村干部一脸无奈。农村文化建设本来就是补助性的，政府投钱不多，但检查却出奇地频繁。一个村主任说，他一年就农家书屋建设接待了10个检查组，真把人折腾怕了。一个乡文化专干毫无隐瞒地说，自己给村上打电话都发愁，一听又来检查，村干部都忙找理由推脱，让乡上的干部里外难做人。

办农家书屋花的毕竟是小钱，建农村文化广场花的却是大钱。环县已经建成了10处农村文化广场，每处占地都在10亩左右。这些广场大部分是结合新农村建设和异地扶贫搬迁建起来的，没有几十万元肯定拿不下来。问问周围农民，都认为很好看，却说平时大都没有工夫去娱乐和享受。

西峰区农业扶贫小康办2008年花10多万元委托上海同济大学某规划院给后官寨乡司官寨村规划了一处新农村建设示范点,包括一处占地13.8亩的农村文化广场。村上干部对此很积极,很快组织拆迁了两处庄子。决定先把广场建成,以便促进和带动示范点建设。广场的设计标准很高,全部采用了透水地砖,边上全砌了路沿石,中央还砌成了大理石的标志碑。正当村干部鼓足干劲,大展宏图的时候,上面突然叫停了,原因是影响到已经立项的高速公路。这下村干部傻眼了,连同拆迁补偿、租地及施工费用,已花出去了117万元,而拿到的钱只有市财政配套的39万元。村主任李向春现在一筹莫展。他说明明市规划局选址意见书都发了,怎么又能影响到高速公路,况且这又是区农业扶贫小康办和规划局协调的,都是政府部门。如果高速公路真的要经过,损失就不可避免。他现在只能等上级部门去协调,或者看将来公路建设部门怎么赔偿。

深入到广大农村看一看,就会发现农村公共文化服务体系建设很多地方还不尽如人意。既然是体系建设,就应该有文化机构、人员,还应该有一定的场地和经费与有关的管理做保障,要能够开展多层次、多样化的文化活动,并有与之相适应的社会文化网络相配套。目下农村文化站建设不如寺庙建设,锣鼓声不如麻将声并不鲜见。

文化是国家形象的基本元素和最主要的标志。

中纪委驻文化部纪检组长李洪峰认为:人类社会的每一次进步,都表现为文化的进步。任何一个民族的觉醒,都首先是文化的觉醒。任何一个国家的强盛,都要靠文化的发达。文化始终是民族精神和民族素质的纽带,深深熔铸在民族的血脉和灵魂之中。近几年农村文化建设的实践也充分证明,文化在促进社会和谐方面具有巨大的调节功能。农村文化越繁荣,对农村经济发展越具推动力,对农村社会矛盾越具调和力,推动农村文化大发展大繁荣,应该成为社会各界特别是各级党委政府与宣传、文化部门的文化自觉。

第六篇 热点思考

毛泽东同志曾经尖锐指出，农民的情况如何，对我国经济的发展和政权的巩固关系极大。中国稳定不稳定，首先要看农村的人口稳定不稳定。而要保持农村稳定，能不能解决农民的就业和增收问题又是其中的关键因素，农民富，天下足；农民定，天下安。由此可见，农民就业和农民增收对全局工作意义非同寻常。

热点思考

一、减少农民:实现农村全面小康的现实选择

“三农”问题是中国社会经济的永久主题。这不仅是因为中国是一个农业大国,农业人口占的比例相当大,新增人口也主要来自农村。人多地少,耕地资源不足是我国的一个基本国情。更重要的是目前全国农村有近3000万人尚未解决温饱问题,近6000万人处于低水平、不稳定的温饱状态,社会发展滞后于经济发展的问题在农村十分突出,“三农”问题已经成为制约国家进一步发展的“瓶颈”。可以说,全面建设小康社会,重点在农村,难点在农村,这已是全社会的共识。

农民比重大,农业劳动生产率低,是农民增收难的症结所在。这一点,可以从农民增收来源的变化得到佐证:统计资料显示,就全国而言,现在农民收入来自非农产业的比重接近50%,工资性收入占1/3,工资性收入对农民增收的贡献率达到80%左右,来自非农产业和进城务工的收入已经成为农民收入增长的主

要来源。家庭农业经营收入的增长,在收入增长总额中所占份额很小。庆阳市也一样,2003年全市农民收入来自非农产业的比重达到42%,农民工资性收入占当年人均纯收入的比重达到27%。连续6年年均增长70元。工资性收入已成为农民增收最直接、最有效的途径。这些数字告诉我们,要加强农业必须发展非农产业,要想使农民富裕起来,就得减少农民,要在千方百计减少农民上下功夫,改善他们生存、生活的条件,这才是解决"三农"问题的有效出路,也是全面建设小康社会的一个大战略。

1.减少农民,就要加快小城镇建设,大力推进城镇化

小城镇作为城市、农村的连接体和中转站,是一定区域内的政治、经济、文化中心,具有一定的区位优势和资源优势,是农村发展农产品加工、销售、科技、信息咨询、服务等二、三产业和劳动力转移的理想场所,是现阶段农民、农业、农村经济全面参与国民经济有效循环的重要桥梁和连接纽带。加快小城镇建设不仅可以形成一定区域的人流、物流、信息流的交换中心,促进农村经济全面发展,而且可以带动农村的市场化、城市化、文明化、现代化水平,使农村逐步全面

融入现代文明的主潮流。推进城镇化建设对于西部地区农村全面建设小康社会具有更为重大的意义。西部农村小康建设起点低,经济翻番难度大,农民增收难度大,“三农”问题尤为突出。加快小城镇建设,加快农村人口向城镇转移,使农民从土地上解放出来,在农业之外的二、三产业谋求更多的就业岗位。大量的农民转化为城镇居民,又可以极大地带动消费水平的增长,反过来促进农村经济的发展。

推进城镇化建设就要从减少农民、创造就业岗位、加快城乡经济发展着眼,明确城镇定位,高度重视产业支撑,同时要放宽农民进镇落户和居住准入条件,积极推进农民向城镇集中,最终通过城镇与农村产业互相衔接和一体化发展,实现减少农民,富裕农民的目的,达到“点亮一盏灯,照亮一大片”的功效。

2.减少农民,就要大力发展非农产业

从前面提到的数字看,现在农民收入增加主要依赖非农业收入的增加,并且非农收入对农民收入增长的影响越来越大。比较我国东西部农民收入也可以看出,非农产业发达的地区正是农民最富的地区,如江、浙、粤。可以定论,东西部农民的主要差距不在农业收入,而在非农收入的差别,非农产业发达的地区,农民收入就高。既然农业增收潜力不大,农民要大幅度提高收入只有两条路:增加非农业收入;减少直接从事农业的人口。这两者紧密结合在一起就是发展非农产业,走城镇化道路。

将农业人口向非农产业转移,其直接效果是减少了直接从事农业的人口,也就是提高了剩下来的农民的人均市场占有份额,从而增加了农民的人均收入。非农产业的发展也有利于农业产业化经营,大量的农村剩余劳动力向非农产业转移,可以加快农业人口的非农化,从而为农业生产的规模经营创造了条件,农业经营规模的扩大,创造出的规模效益无疑又增加了农民的收入。从这里可以看出,农民收入增加的着力点,必须放在发展非农产业和把农村剩余劳动力转移出去上面。要真正解决农民收入问题,必须让他们有机会分享到非农产业的利润,一方面大力发展非农产业;另一方面,要把多余的农村人口转移到各级城市。实际上,各发达国家解决本国农民问题的进程,都是非农产业发展的进程,我国我市也不会例外。

3.减少农民,就要合理引导农村剩余劳动力转移

说到底,我国的农民问题实际上是一个农村发展问题和农民身份变迁的问题。农业是一个产业,生活

在农村的农民并非注定必须永远务农。改革开放以来,全国已有1.25亿农民投身于乡镇企业,有约五六千万人外出打工,大大缓解了农村剩余劳动力过多的矛盾,如果没有这一亿多转移出来,通过务工经商外出打工获得一部分收入,农民收入问题会比现在严重得多。作为经济相对落后地区的庆阳市,劳务收入更是相当一部分农村家庭经济收入的"支柱板块"。近年宁县每年输出富余劳动力在10万人次左右,年劳务收入在1亿元以上,约占当年农民人均纯收入的32%左右。一部分家庭的比例更高,几乎占家庭总收入的90%以上。其实,按现在的耕作水平,有30%的劳动力从事农业就绰绰有余。让更多的剩余劳动力离开土地,到二、三产业去就业,的确是投入少、风险低、见效快的增收渠道,是减少农民,富裕农民的良法。当然,劳动力的转移,既要靠民间自发带动,更要靠政府有组织的引导和指导。在向市场经济转变的过程中,政府应当在技能培训、信息导向特别是信贷担保等方面为农民劳务输出多办实事,多提供便利和优惠。

4.减少农民,关键还在于提高农民素质

农民之所以贫困,农村获得信息的渠道少,长期的农村手工劳动使农民在向工业社会过渡的过程中显得劳动技能单一是重要的原因之一。要改变这种现状，一方面要大力普及和强化农村义务教育，使下一代的农民子女和城市居民子女能接受同一水准的基础教育，能站在同一条起跑线上，平等地参与就业竞争和平等接受命运挑战。另一方面，要加强对青壮年农民的文化教育和技能培训。通过培训，不仅使他们树立起商品意识、市场意识、经营意识、竞争意识和效益意识，使他们掌握更多的劳动技能，使他们离开土地也能自在的生存，同时也能使他们脱离"土气"，更好地融入现代文明。

二、关注身边的农民工

农民工者，农民工人也。他们是农业户口，户籍身份是农民，在家有承包地，在城里主要从事二、三产业劳动，领工资。他们像候鸟一样在城乡之间来回流动。就职业说，他们是工人。"人在城里走，心在乡下跑"是他们的写照。

农民工，这是世界工业化历史上的一个新概念，是中国特有的户籍制度和长期城乡二元经济结构制约导致的在特殊的历史时期出现的一个特殊的社会群体。据有关部门统计，2002 年我国离土离乡的农民工约为 9460 万，到 2005 年底已达 1.2 亿。现在全国各地各个城市，各个行业，各条战线，都有农民工在劳动，在有些行业，如建筑、建材、采掘、纺织等的一线职工80%以上是农民工。稍留意一下我们的身边，就会意识到今天在城市里农民工确实是无处不有。不说企业，仅机关、事业单位的保安、保洁工、炊事员、锅炉工、园艺工，家属院门卫，一些家庭的保姆等等，这些角色绝大部分都由农民工充当。

农民工从进城的第一天起，就是在极其困难的条件下开始打工的。农民工以其能吃苦，肯出力，任劳任怨，对劳动报酬要求不高获得用工单位的青睐。农民和城里人的就业市场实际上是相互区隔的，农民进城后竞争的往往是比较低档的就业机会，实际上是补充了城里人不去做的那些工作，城市里最累、最苦、最脏、最险的工作大多是农民工在干。农民与城市人形成垂直分工，提高了整个城市的效率。十多年来，数千万农民工为中国的工业化、城市化、现代化建设做出了巨大贡献，提供了各种各类的服务。即使这样，由于城市下岗职工多，就业压力大，对农民工的选用异常苛刻，年纪要轻，手脚要勤，长相要端正，身体要好，家庭拖累要少，没有一定的关系，普通的农民很难在机关、事业单位谋一份临时职业。因为是农民工，不是正式职工,即使他们工作得再好,也得不到应有的任用、培训、升迁,更谈不上在单位有当家做主的地位。在同一个单位,农民工与正式职工不能同酬,正式职工每周有双休日、有法定节假日、有8小时工作制,农民工一般不享有这些权利,平时基本没有节假日,常常没白没黑加班。虽然农民工付出的劳动很多,但因为身份差别,农民工得到的工资报酬却只有正式职工的四分之一或三分之一。我市目前机关、事业单位聘用的农民工门卫月工资仅有400元左右,保安、保洁员月工资也只有500~600元水平。酒店、饭店服务员的工资更低,二三百元很常见,即使这样的工资待遇,有时还会遇到拖欠或克扣。

农民工是边缘人,很难融入这个城市社会,他们对城市做出了很大贡献,却不被承认。城市的繁华对农民工有很强的吸引力,使他们成为城市中流动的一群人。这其中也有一些农民工经过打拼留在了城里,但他们仍面临许多难题,想真正融入城市生活圈子对他们来说是非常不易的,进城打工的农民工如何在城市里寻找一种"归属感"成为他们最大的困惑。许多农民工虽然在城里打工几年,十几年,但从心里老觉得自己只是这里的匆匆过客,经济收入的差别,城市人的歧视，人际交往面的狭窄等等都让他们觉得自己是城市的边缘人,从来没有城里人的感觉。想得到城市的福利待遇真是难上加难,失业了,没有救济;生活困难了,领不到低保;有病住院了,费用无法报销;负伤了,致残了,只能拿上少得可怜的补偿回乡下苦度余生。

奇怪和令人疑惑的是,一方面各级政府、社会各界大呼大叫要拓宽农民工就业空间,要高度重视农民工问题,要善待农民工,要降低城市门槛,要削除不利于农民进城的体制和政策障碍。又是热热闹闹的农民工进城就业服务“春风行动”,又是各种大大小小的农民进城务工培训班,农民工专场招聘会。一方面却仍是机关单位的农民工工作有人管,待遇没有提,辛苦没人问,好像一切都是应该的。政府拖欠工程款,进而拖欠农民工工资可谓司空见惯。小单位,小机关如此,大单位,大机关也如此,许多领导对这类事早都习惯了,麻木了。机关如此,企业就更不在话下。

农民工问题是特定历史条件下逐渐形成的,表面看是如何解决好保护好农民工的合法权益,消除就业方面的不合理限制,给予农民工应有的报酬和待遇的问题,实质上却是如何对待现阶段发展,如何对待农民,如何构建和谐稳定的社会阶层结构的大问题。

在对待农民工的问题上，城市人应该这样去想：退回 30 或 50 年我们祖上也是农民;我的老家至今还在农村,那里依然贫困;我们有一大批至亲正在城里当农民工，他们的处境和身边的这些农民工一样;农民工离我们很近,时时在我们身边,我们应该为他们做些什么。

尽管近几年中央采取了一系列有效措施,下实手解决“三农”问题,但农民收入依然增长缓慢。以城市居民收入作参照,能显著说明农民收入低和增收难的问题。上世纪 80 年代初农村改革以后,城乡居民收入差距曾明显缩小。1984 年某省城乡居民人均纯收入之比为 1.51:1，之后距离又开始逐步拉大,2002 年达到 2.49:1,现在更大。一些专家认为目前这种差距不仅远远高于世界发达国家平均水平,而且也高于世界发展中国家平均水平。所以,无论从哪个角度看,迅速增加农民收入都是当务之急;无论从哪个角度看,关心农民,关心农民工,特别是关注身边的农民工都是完全必要的,是一份应尽的责任。

三、充分尊重农民的生产自主权

时下在农村,仍然有一种现象,本来农民要种麦子、种玉米、种蔬菜的地块,被乡村干部一声令下,全部改植果树、栽烤烟或建塑料大棚……而且要形成规模,要整齐划一,要成片成带。有的还借助统一管理等名目，要求农民购买指定或代销的种子等生产资料。当然由于农村特别是西部农村交通落后，信息闭塞，当某一产业或某一地处发展的十字路口,农民进退难定之时,政府及时出手,充分利用自身的行政资源、人力资源和信息资源,细分析,定调子,指方向是完全应该的,是应尽之责。

问题是实践证明,有些违背农民意愿,随意干涉农民生产自主权的做法,其结果往往事与愿违,受伤害、受损失的到头来还是无辜的农民。某镇建成了一家加工药材的镇办企业，为了保证生产原料的来源，镇村干部出面要求和鼓动农民种植药材几万亩。2003年秋天，种植户交了药材却只领到一张白条,2004年因厂子关闭药材纯粹不收了。谈起种药材的经历,一些农民气愤地说:种药材不但没有赚到钱,误了地,到头来还欠了银行一屁股债。

《农村土地承包法》第二章第十六条一款明确规定:承包方依法享有承包地使用、收益的权利,有权自主组织生产经营和处置产品。既然法律有规定,农民又不欢迎,那么基层干部为什么还要不遗余力地干这些出力不讨好的差事呢?

粗想一下,不外乎以下几种原因。一是错误的政绩观作怪。一些干部认为,农村工作难做,小打小闹,按部就班,成绩难以凸显,只有用大手笔,搞大动作,领导才能看得见,才能有认同感,个人也才有望升迁。二是上面压的结果。这几年,为了调整产业结构,促进农民增收,发展壮大区域优势产业,各地都制定了许多宏伟的产业发展规划,这些产业项目大都是几万、几十万甚至上百万亩的工程,要真正落实下去,确实有一定困难,为了完成上级布置的任务,基层干部只好采取“硬”措施。三是绩效考核评价的方法标准不科学。一个司空见惯的现象是多年来上级部门和领导下去检查考核工作,重点是要看点,看面上多为走马观花、蜻蜓点水。看点却是下马看花,是好是坏一目了然。所以,基层干部不敢不在点上花精力,而要让点成为样板和示范,有一定规模,让领导满意,搞些花架子、大轰大嗡就在所难免了。四是在市场经济条件下,基层政府没有准确定位,在农业生产结构调整中,在农民千家万户奔市场的路上,基层政府如何正确行使手中的权力,做到既不缺位,更不越位,帮忙不添乱,助农不扰农；在充分尊重农民生产自主权的基础上，发挥好政府的优势，办农民想办但办不了，政府该办可办好的事，这是眼下我们各级干部应该认真思考和亟待解决的问题。

实践反复证明，在农业产业结构调整中，种什么，怎么种，完全是农民自己的问题，县乡政府管不了，也管不好。在市场经济活动中，政府的角色只能是管理者，是裁判员，是为竞争营造公平、公正、公开的环境，政府如果成了运动员，竞赛必然要乱套。另一方面，如今一、二、三产业之间，已经互相交融。现在很难说一产就是一产，二产就是二产，三产就是三产。农村土地承包制的进一步推行，为解放生产力创造了条件。二轮土地承包政策完善后，农民生产自主权得到了更好的保障和落实，同时，也促进了农业生产力要素的流转。以前都是围绕农业谈农业，指导农业要求农民以粮为纲，现在完全不同了，农业已经跳出了传统农业的范畴，现在农民是“什么来钱种什么，怎样赚钱怎么做”。在种地上如果给农民带框框，如同给孙猴子戴上了紧箍咒，显然不利于他发挥神通。还有一层原因，从农村发展现状看，一部分农民仍然没有从根本上摆脱集体“统”的旧观念束缚，仍然躺在计划经济体制下，生产活动等待组织安排，处于让种啥就种啥的被动地位。结果导致一部分农民淡忘了市场，放弃了市场，对市场竞争茫然不知所措。在这种情况下，政府的过多干预，就会助长他们的依赖心理。

有看法认为，中国的“三农”问题已到了非常严重的地步。如果解决不好，再发达的城市经济也只是漂浮在小农经济汪洋大海上的一块小绿洲，大海风浪一起，绿洲也就会随着颠覆。且不论这种看法是否偏颇，一个不争的事实是农民的生产自主权问题是“三农”问题的一部分，解决好坏与否，直接关系着农业增效和农民增收。所以农民生产自主权必须得到充分尊重，农民生产自主权问题也理应得到高度重视。

四、农村经济结构调整要以促进农民增收和拓宽就业空间为主线

科学发展观要求统筹城乡经济社会发展，这无疑又把农业、农村和农民问题提到了一切工作重中之重的高度，其实新中国成立后，党和政府从来就没有放松过“三农”问题。但现实是“三农”问题仍然没有令人满意的结果，这里面的原因一方面是中国农民人口太多，至今还有 7 亿多农民，一个工业化、现代化的国家，不应是一个农民占到了 60%的国家；另一方面中国农民比较穷，一是从比较城市居民而言的，是比较我们的经济成就而言的；二是农民内部已出现了分化。以 2001 年为例，当年有 13.22%的农民人均纯收入在 1000 元以下，也就是有 1 亿多人为贫困农民，其中 2000 万为绝对贫困农民。中国是一个农业大国，要解决 13 亿人口的吃饭问题，必须要有一个庞大的农业群体存在。在目前条件下，即使让一半农民进入城镇和从事非农产业，留下来的农业人口也有 4.5 亿，而这 4.5 亿中有三分之一的劳动力（相当于俄罗斯的总人口数）还是剩余的，所以说，农民就业已经成为我国农村经济发展最突出的矛盾。另外，我国目前尚有 62%的农民单靠农业收入，而这部分农民的收入，这些年是在减少。如何改变这一现状，使农业和农村保持稳定发展，这是一项涉及农村深化改革和经济结构调整的重大课题。

毛泽东同志曾经尖锐指出，农民的情况如何，对我国经济的发展和政权的巩固关系极大。中国稳定不稳定，首先要看农村的人口稳定不稳定。而要保持农村稳定，能不能解决农民的就业和增收问题又是其中的关键因素，农民富，天下足；农民定，天下安。由此可见，农民就业和农民增收对全局工作意义非同寻常。

现阶段的农业是社会主义市场经济条件下的农业，现阶段的农村经济，也是社会主义市场经济条件下的农村经济。就全局来看，现阶段农民就业和增收困难，既是农业和农村经济结构性矛盾的现实反映，也是国民经济发展长期积累的深层次矛盾的集中体现。现阶段农业和农村面临的问题主要是：经济结构不合理，与市场不适应，需求不旺，流通不畅，部分农产品滞销难卖，农产品价格持续下跌；农村二、三产业发展水平不高，不适应农民多渠道扩大就业和增加收入的需要；水土资源减少和人口增长挤压导致农民就业空间缩小；农民进入市场的组织化程度不高，不适应市场竞争等。这些问题应该说都和结构不合理有关。因此，以扩大农民就业和促进农民增收为主线，大力调整农村内部经济结构显得十分必要和紧迫。

加入 WTO 后，我国农业的优势产业是劳动密集型及技术密集型产业，如蔬菜、水果、畜牧等。这些产品在国际市场上具有很强的竞争力，入世对于它们的生产者或潜在生产者意味着新的机遇。如果能大量出口这些产品就意味着大量出口了劳动力，即使不出口，只要产业突出、批量大、品质好，广阔的国内消费市场，完全可以拉动农村就业和促进农业增收。以我

大棚种菜,成了一些农民新的收入来源。

市为例，应该说我市的农村经济结构调整起步比较晚,但近几年各级党委、政府突出调整重点,大力发展优势特色产业,推进区域化布局,规模化发展,特别在发展外向型经济项目上,突出能增加农民收入和调整产业结构的新项目。这样既促进了对外贸易和外向型经济的快速发展,又为我市农村富余劳动力提供了充分的就业机会。从已有的资料看,至目前,全市 66 户进出口企业从农民手中收购原料总值 47592 万元,为农民人均提供收入 196 元，安置社会富余劳动力 16771 名,支付工资 1155.3 万元。这些初步的成绩来之不易,值得总结推广。从点上看,个别乡村通过产业结构调整,农民增收和就业问题已解决得相当好。如西峰区温泉乡何家坳村,20 年前还是一个以种粮为

有些村子全部种上了地膜玉米。

主,产业结构单一,经济发展滞后,到处是闲人的落后村子。改革开放以后,该村大力调整产业结构,率先在全市发展果品生产,到 20 世纪 80 年代后期,该村从祖祖辈辈种粮已转变为全民动员发展果业,数以百计的农户成为了万元户、十万元户甚至百万元户。目前不但全村经营苹果,而且已带动起了果树修剪、果品包装、贮藏保鲜、运输销售等系列产业,有效地解决了农村剩余闲散劳动力。现在人们进入该村的印象是房子新了,楼房多了,人都忙了。90%的农户都通了电话,有了摩托车,少数还有了小轿车,村容村貌焕然一新。真是结构调整对路,一业兴,百业旺。

其实,以促进农民增收和扩大农村就业为前提调整农村经济结构，是所有人口众多的发展中国家的共同选择。作为亚洲农业大国的印度，失业率高达7%到10%，更糟糕的是，每年还有1000万人涌入早已人满为患的劳动力市场。鉴于现实情况，2008年8月新上台的辛格政府在制定经济政策时，突出强调要把发展经济引导到以增加就业为前提的发展道路上来，辛格还一再表示要把政府工作的重点放在发展农业和解决城乡就业等印度国民普遍关心的问题上。

应该引起注意的是政府在引导农村经济结构调整的过程中要防止出现“政府失灵”。在市场经济条件下，有时政府对农村经济的过多干预，会刺激政府规模不断膨胀，扭曲政府职能，抑制农产品和要素市场的发育，使得农村资源的配置以及农户生产、经营背离自身的比较优势，从而阻碍农村经济结构的调整，并成为加重农民负担的根源。

实践证明，农村经济结构调整就是要用市场经济的思路来指导，要以市场需求为出发点和落脚点，要尊重农民的主体地位，要强调典型示范，把决策权交给农民。通过正确引导，充分挖掘农业内部的就业潜力，使农村劳动力不再集中于种植业，不再集中于农业的产中环节，而向产前、产后环节转移。同时还要不遗余力地拉长产业链条，开拓农村非农产业的就业空间，只有实现了农村劳动力充分就业，才能真正提高农业劳动生产率和农民收入。中国也才能真正由“农业大国”转变为“农业强国”。

五、努力打造“农民想要”的乡镇政府

关于“三农”，有议不完的话题，乡镇政权的存与废，职能的定位是目前的热门话题之一。有观点认为：“乡镇政权的存在使加之于农民头上的经济负担或剥夺非常严重”；取消乡镇政府符合市场经济“官退民进”、“小政府大社会”的要求和中国古代“皇权不下县”的传统与当前中国国情；“乡镇政府是计划经济的产物，由于财政与其内部权力结构的原因，乡镇没有能力构建一级完全政府”。

我出生在农村，而且又是在西北偏远的农村，上溯十代都是农民，从一代又一代流传下的故事和叔伯兄弟们日常生活中对农村基层官员或管理人员的敬畏里面，我能深深地体味到农村基层政权的权威。客观地说，新中国成立后，我国农村基层从来没有出现过权力真空，正因为有党的领导和乡镇一级政权的存在，以自由小农家庭为主体的农村经受住了市场化浪潮的冲击，农村社会基本保持了稳定。特别值得肯定的是在极为困难的经济条件下,乡镇政权主导和组织了农村工业建设,乡镇企业异军突起,在20世纪90年代前半期构成我国工业、出口和税收"三分天下有其一"的大好局面,并使我国农民们普遍熟悉了非农产业。另外在极其困难的社会条件下,以乡镇为主的基层政权维持了乡村的社会秩序,他们在保护环境、森林、水土,及维护水利等公共设施和征兵、计划生育税费征收等国家各项政治、经济、文化、社会政策落实方面都出了力,发挥了其他组织难以替代的作用。

但也不能否认,我国农村现行的行政管理体制是计划经济的产物,乡镇基本沿袭了人民公社时期的行政管理体系。乡镇政府处在我国政府管理体制的末梢,从现实看乡镇政权当前存在着诸多矛盾和问题。

首先是乡镇直接参与经济管理事务,催生了大量的形象农业和政绩农业。一个不争的事实是我国大多数乡镇管理干部把握宏观经济走向的能力偏低,加之信息不灵,经营决策水平有限,很容易造成决策失误。另一方面,一些乡镇干部为了迎合上级意图大搞形式主义和观赏农业,产生的不良后果几乎全部由农民承担,这是当前农民对乡镇政府不满意,干群关系紧张的重要原因之一。

其次是乡镇机构普遍臃肿，加重了财政和农民负担。中央编办研究中心副主任魏刚说中央编办会同中组部、监察部、财政部对部分地区控制乡镇机构编制和实有人员的情况开展了一次联合督查。从实际情况看，问题仍然很突出，乡镇普遍面临很大的进人压力；“条条干预”问题屡禁不止；近半数省乡镇事业单位超编。

三是相当数量的乡镇财力薄弱，无力兴办公益事业。目前许多乡镇财力主要用于发放人头经费，而使用于公益事业的钱非常紧缺。据调查一个中等发展水平的乡镇75%以上的财力用于乡镇机关和事业单位人员工资支出，加上招待、通讯、交通等办公经费，大部分乡镇根本没有多少财力开展公共服务。另外，债务沉重也是一件非常严重的问题，据有关资料统计，全国乡镇政府背负着2000亿元的庞大债务，这不光严重影响到中国乡镇经济的发展和基层政权的建设，也严重威胁着国家的安全。

四是工作缺乏自主权，疲于应付。“上面千条线，下面一根针”，乡镇政府作为最基层的政权组织，上级政府和几乎所有部门都可以对其发号施令。乡镇政府突发性、应急性的事务非常多，自身工作安排经常被打乱，工作的自主权很小。尤其当上级的考核指标过多过滥时,乡镇要把主要精力放在完成上级交办的任务、应付各种检查评比上,而没有足够的精力去谋划服务“三农”,确保农村经济社会健康发展。

五是开展工作投入缺乏有效的手段，难度加大。对农民在经济上没有制约手段,工作上又不允许搞强迫命令,只能采取发动、协商、服务等方式开展,因而干部普遍感觉推动工作缺乏手段,农村工作越来越难干,压力越来越大。具体表现在三个方面,一方面工作上压力大。乡镇政府与村委会的关系,已由昔日的领导关系变为今天的指导关系，乡镇政府不得干预依法属于村民自治范围的事项，这就意味着乡镇干部已不能像过去那样对于村民自治范围内的事项采取行政命令式的管理方式。然而一些上级领导和部门却忽视了这一变化,致使乡镇干部工作压力增大。第二个方面是生活压力大。实行财政体制后,有些乡镇干部的工资原本就不能足额发放,再扣除订报费和各种捐款,已所剩无几。由于财政困难,一些乡镇干部的独生子女费、降温费、烤火费乃至正常增资都无法落实。第三个方面是舆论压力大。由于诸多原因,乡镇政府给农民的少,向农民“索取”的多,因而不可避免地成了少数农民不满情绪的发泄对象和社会舆论的指责对象。

六是政府信用缺失，把乡镇政府和乡镇干部推到了风口浪尖上。近几年由于退耕还林、土地征用、拆迁补偿等费用不能及时足额落实，加之统计报表失实，政绩“渗水”以及愈演愈烈的“花架子”工程等等，让乡镇政府在农民群众面前的威信高不起来，有个别的甚至和农民对立起来。政府信用的缺失，极易诱发不稳定因素，导致一些热点难点问题突出。

乡镇政府目前存在的这些问题，严重影响着社会主义新农村与和谐社会建设，也极不利于“三农”问题的有效解决。

乡镇政府是我国农村基层政权组织，是党和国家各项工作的落脚点，是农村社会主义物质文明和精神文明建设的直接领导者和管理者。同时，它又是把广大农民的意志和要求传输到国家高级政权组织的通道和入口，正如有些学者所说：“在有着众多人口，而且无论是经济还是社会文化乃至政治上日渐边缘化的广大农村，出现各种特殊问题的可能性都会有，这些问题处理不好不光会影响到农村的发展和稳定，而且还会严重影响整个中国的现代化进程。”更不要说数百万计的干部转岗安置将是一个很大的困难。因此撤消乡镇一级政府机构的想法有失偏颇，最起码现在还不够成熟。

但乡镇政府职能必须适应新形势，必须要有一个大的转变。

过去一些人把乡镇工作戏谑为：催粮要款，刮宫引产。尽管其中调侃的成分不少，但也从一个侧面反映了乡镇工作者的艰辛和苦衷。当时间走向2004年，中国政府向全世界宣布：三年内全部免征农业税，这意味着，缴了几千年的皇粮国税终于将彻底远离农民，农民的肩头一下子感到轻松了许多。乡村干部们也从此可以不为催粮要款而奔波。一些农民议论说：取消农业说，两头得实惠，农民不缴税，干部少受累，对于乡镇干部们来说，过去投入了很大精力的工作现在不做了，现在应该干啥？少了具体工作，许多乡镇干部陷入彷徨之中。这些议论和彷徨，实际上道出了农业税免征后出现的一个热点问题：乡镇政府职能如何转变？

清华大学国际关系学院教授潘维认为："农民经济收入低，生活环境差，文化生活贫乏，是因为面临着三重困境：一是农民的准失业状态，二是国内外市场机制的挤压，三是小农经济缺乏自我组织能力。"他进一步分析认为：上述三重困境导致留在农村的劳动者们一年只从事4个月极为简单的劳动，剩下8个月一般无事可做，陷入相对贫困；在市场压力下，袖珍型农业难以承受而衰落；农民组织下来进行“自助”的能力削弱了，计划经济年代留下的农业基础设施已经破败不堪。在城市圈地狂潮中，分散无组织的农民更处于不利地位。这不无道理。要想解决好“三农”问题，乡镇工作要想适应经济社会发展，必须从以下几个方面切实转变或强化职能。

1.必须从人治型政府向法治型政府转变

受长期封建专制和传统思想的影响，乡镇政府在工作决策上带有浓厚的个人主义色彩。而市场经济是法制经济，与市场经济相适应的政府必须是负责任、讲法制的政府，其行政行为的实质、程序、内容都必须合法，也就是说重大决策、重要事项都必须依照法定程序办理。只有乡镇干部真正树立起公民至上、法律至上的观念，新农村才能真正实现“管理民主”。

2.必须从管理型政府向服务型政府转变

随着社会主义市场经济体制的建立和农村城镇化进程的加快，乡镇政府的职能发生了很大的转变，然而由于长期传统思想的影响，乡镇政府的管理模式尚未完全从计划的管理模式中脱离出来，越位、缺位、错位的现象依然大量存在。而现代政府是公民契约的产物，它要求政府向社会提供更多的公共产品和公共服务，要求政府把更多的资源投向基础设施、文化体育、基础教育和扩大就业等方面来。要求政府除了为农民生产活动提供技术、信息与金融服务与支持外，还应指导、帮助农民改变生活方式，开展多种形式的社会主义精神文明建设活动。近两年，安徽省大力推行制度创新，加速乡镇政府转型，农村综合改革中各种新的还政于民和便民利民服务不断涌现，受到群众欢迎。据国家统计局安徽省调查总队新近对 8 个县 400 个农户抽样问卷的调查，农民对乡村干部工作评价表示“满意”和“比较满意”的占到了 97%以上，其中对乡村干部评价认为“很好”的比例接近 30%。两方面的满意度均比过去大幅度提高。这说明，只要转变职能，农民对乡镇政府的工作是非常支持拥护的。实践证明，人的创造能力不是管出来的，而是靠示范、引导、鼓励、支持激发调动出来的。当亿万农民内在的创造活力喷薄而出的时候，当一批又一批具有主体意识、参与意识、民主意识的“新农民”成长起来的时候，建设社会主义新农村的美好理想定能化为现实。

六、一份无意中看到的村工作总结

家兄已任村党支部书记多年。过年时我无意间在他那里看到了一份钢笔写成的2006年村工作总结，总结是写给乡党委、政府的。从口气上看，应该是全乡工作总结会上的发言材料。它真实地记录了村里2006年主要工作进展和一些发展变化。对文字我一笔未改，只将个别错别字加括号作了备注。全文如下：

何土肴村2006年工作总结

各位领导，参加会的代表们：

2006年以来在乡党委、乡政府的正确领导下，村党支部、村委会团结带领全村广大党员群众，坚持以发展为第一要务，与时俱进，奋力拼搏，迎难而上，扎实工作，全村呈现出经济发展全面提速，社会事业和谐进步，群众生活有所改善的良好局面。

主要工作有以下八个方面：

1.认真落实党的农村各项方针政策，对全村518个农户的粮食直补即(及)农资补贴按时如实发放到户，总额款是56525.00元。对崔山、王咀两组群众的退耕还林、流域治理工程国家补助资金配合乡农经站、区林业局检查验收补植后按时发给群众手中。

2.积极协助区乡民政部门对全村的特困党员

户、特困群众户申请救灾、救急，邦(帮)扶资金3800多元，享受人员是，党员：崔向荣、王正秀、陈甲科、翟立权，群众：崔向华、何丕刚、何文周、吴最昌、高彩云、伍风萍、赵淑琴、王士斌、何鸿智、何小奎、高桂珍、何丕召、何芮、张前福、王军宏等同志。

3.坚持发展抓项目举措不动摇，创新思路，求大发展。全村全年争取省投、市投、区投专项资金共计31.5万元，到位和建设情况是：

①村小学8万元，除还清去年给学生欠回的十几台电脑外，今年有(又)给学校新购置大会议园棹(桌)一套，靠背椅30个，书柜1个，高档办公棹(桌)2个，高档办公椅2个，资金由村小学管理记帐(账)。

②新建居民新村一处，地点(在)王咀队，现已建成9户，还有6户明年需继续建设施工。具体施工方案是按统一图纸要求、统一标准、统一管理，农户自建的原则，由于施工地有西峰至庆城县大电网组(阻)碍一个户施工，最近我们千方百计申请争取区农发办资金1万元，生产队在(再)集5000元交庆城县电力局帐(账)户后，提18米高杆即(及)其他材料排除障碍。

③给红岭、普洛两队争取省投（资金)4.5万元，群众自筹2万元，新建14米高30方水塔一座,极大的(地)解决了水流量不足的问题,该工程的资金管理和建设全部由区水务局承担。

④给村级道路养护争取市投资金2万元,路面维护即(及)资金试(使)用由村委会承担。

⑤争取区投电力改造资金6万元，已给岘塬队架通高压线路到王湾坡头,施工单位是区电力局,春节后按(安)装变压器1台,极大暖(缓)解原来3个队用1个变压器和高压线路的矛盾。

⑥还有余下的省投道路加宽改造资金10万元,在区财政局专户帐(账)保存,待明年下大力度争取村级柏油路立项后一并拿(纳)入计划完成。

4.今年3月份有咱们村户口在外的一各(个)同志为了支持山区、半山区群众发展经济,邦(帮)助支持解决了崔山队、岘塬队、王咀队180户450多人从来没解决过的人畜饮水困难,其中支(资)助PVC管线ф63、ф50共5000多米，建供水站5处。还有去年上半年村上主干线道路养护用砂石1600方,用压路机50小时,拉水洒水160方两项资金进(近)10万元。村上打算在适当时间给德高望重的有识之士××同志立碑书转(传),宣传支持家乡建设的可贵精神和光荣风格。

5.继续坚持狠抓特色产业不动摇,全村春秋两个季节共新栽果树300亩,加大宣传绿色食品和无公害食品的生产管理措施和综合管理新技术。今年9月份村上组织村组两级干部、部分党员和群众代表赴陕西洛川县。通过该县果业局领导的支持召价(介绍)经验到点上实地考察学习,时间为两天,使我们的同志增长了见识,亲眼看到的(了)人家的发展规模,和先进的管理水平。我相信能给咱们的果业村带来很大的推动作用。

6.积极组织农户落实农村合作医疗参和(合)资金收缴工作。至目前全村百分之九十的农户已办了参和(合)手续,微机已登录,使我们的父老乡亲大病看不起的压力得到了国家的保障。

7.按照乡上的安排布数(部署),配合市、区、乡完成了石油管线西一连(联)至西二排(联)的作业带清理、附属物登计赔偿、青苗地赔偿等工作,时间长达6个月,东片5个队有关农户收到国家补助款80万元。

8.农村第三批先进性教育工作被全市定为市

范村，工作扎实有效，使党员受教育，群众得实惠。精神文明建设工作被区上列为全区重点。我们按照“生产发展、生活宽裕、乡风文明、村容整洁、管理民主”20字方针的总要求，工作扎实有效，最后确定了十星级文明户37户，受到市区表扬。党建工作按照上级党委安排和要求，经常召开两委会、民主生活会、党员代表议事会、党员大会等制度。2006年纳新入党积极分子4名，乡党委批复(准)预备党员3名。社会治安综合治理工作上，全村各类民事纠纷发生56起，村调委会调处解决54起，有2起待司法所配合村调委会解决。全年没有发生一起治安案件和行(刑)事案件，群众安居乐业。计划生育工作按照计生条例落实优质服务，全村重点育龄妇女管理对象106例，四项手术任务都预（予）以完成，人口自然增长率控制在7‰以内。

面对新的形势，我们更应该清醒的(地)认识到，我村经济发展还存在很大困难和矛盾，农业基础薄弱，农民增收困难，新农村建设难度大，进展慢，优(尤)其是干部群众认识还不到位，文化层次低，全局观念不强，加之对党的农村方针政策

持续不断地流域治理让山变绿了，水变清了。

理解有偏见，需要我们高度重视，基层干部在今后的工作中努力加以解决。

这份总结虽然错别字多，语句不太通顺，内容比较简单，没有写具体工作措施，没有列举典型事例，对问题也只点到为止，但从这份总结里，我们能清晰地听到社会主义新农村建设急进的脚步声。粮食直补，退耕还林，流域治理，新农村建设，合作医疗，水电路等基础条件改善，特色产业开发，文明乡风树立，计划生育政策落实，农村社会治安综合治理，这些都是与广大农民切身利益密切相关的民生问题，也是社会主义新农村建设的重要内容。一个五百来户的村子，一年之中能落实几十万元投资，不但改善了小学校办学

春天的山乡让人心旷神怡。

条件，还解决了几个自然村的吃水、用电、行路等困难问题，合作医疗也开始起步，照这样发展下去，我们就敢欣喜地预测：一个“新农民、新农业、新生活、新村庄、新干部、新村风”的新农村一定不会太过遥远。

七、让解决民生问题的礼包真正落到农民手中

关注民生、重视民生、保障民生、改善民生，是我们党全心全意为人民服务宗旨的要求，是人民政府的基本职责，也是构建和谐社会的关键所在。孙中山先生曾说：民生就是政治的中心……社会中的各种变态都是果，民生问题才是因。

近年来，党中央、国务院高度关注民生，特别是出台了一系列惠农政策，逐年加大对“三农”的扶持力度，

人们有理由对2007年的民生问题抱更多期待,大家注意到:2007年3月16日上午,十届全国人大五次会议在人民大会堂举行记者招待会,温家宝总理在回答记者提问时曾满怀深情地说:“我们改革和建设的最终目的是满足人们日益增长的物质和文化需求,这就需要解决民生问题。民生问题涉及人们的衣食住行……解决民生问题要首先着眼于生活困难群体。因为在中国城乡,生活困难群体占有相当大的比重,特别是农民。”

在此之前,人们都欣喜地听到继免征农业税后,温家宝总理在2007年政府工作报告中又宣布,在全国农村全部免除义务教育阶段的学杂费;在全国范围建立农村最低生活保障制度;积极推行新型农村合作医疗制度等多项惠农政策。

一些有心人掰起指头算了一笔账,2007年,中央财政将用于发展教育的投入至少达2630亿,社保方面支出2019亿,卫生事业方面安排了129亿。总理的政府工作报告向老百姓呈送了4778亿的民生“大礼包”。农民将是最大的受益群体。

国家“钱袋子”鼓起来,当然是好事,只要不是“国富民穷”。然而,国家“钱袋子”鼓起来之后,如果用不好这些钱,或者说这些钱花不到地方上,就把好事变成了坏事。

近年来,中央每年都加大对农村的投入,这些钱要真正用到农民身上,并不是那么容易。中央的惠农政策,总有一些会“卡”在途中,会走形变样。

一位全国人大代表去年考察农村义务教育经费到位情况时发现,一所学校有1404名学生,按当时的拨付标准有10万元经费,实际到位的却只有6万元。另一所学校有1100名学生,应到的6万元却只有1.5万元到位。县有关部门给学校的说法是,学校没有达到规定的升学、教学任务,这笔办公经费被扣除。

有的地方,一些干部热衷于“集中”中央给农民的支农资金,他们的借口是:这些钱分到一家一户太少了,也解决不了大问题,不如集中起来办些大事。听起来挺好,但这些钱集中在干部手上,又没有透明的财务和严格的监管,有谁能保证不出问题。

国家发给农民的良种推广补贴项目,一些地方的干部竟然代替农民签字。上级政府为了使项目经费落到农民手中,花费大量人力、财力印制了项目明白卡,然而到了基层干部手中,总能玩出瞒天过海的花样,既能对上虚报冒领,又能对下隐瞒实情,真正深入下去一调查,就会发现“签了字”的农民们,不但没有见过项目卡，而且根本不知道有良种补贴这档事。

广大农民对“村村通”公路计划举双手赞成，但对建设中出现的种种问题也深感忧虑。有的村子修建了几公里公路，由于施工中处处作弊，无人监督检查，只一两年的时间，道路多处开裂，路基塌陷，村民们望路长叹：几十万元又泡汤了。

农村安全饮水项目惠及数亿农民，国家每年投资几十亿元。然而在项目实施过程中总有报大建小、重复建设、偷工减料的现象存在。个别已建成的安全饮水工程闲置几年都无法投入使用，致使一些地方花了钱，但群众“吃水难、吃水贵”的问题得不到有效解决。

亿万农民翘首期盼加快新农村建设，但人们发现，“形式主义”和“强迫命令”在新农村建设启动这一年多来，时而在各地发生，有些例子甚至让人“啼笑皆非”。据报道：福建漳州市平和县坂仔镇西坑村号召农民建起了40多幢小别墅，成为当地政府大力宣传的明星“小康村”，但西坑村却因此欠下130多万元贷款，成为当地百姓沉重的负担。四川省绵阳市农业科技示范区内建了5个别墅小区，农民住着贷款修建起来的欧式豪华别墅，却为一日三餐发愁。由于不能按照规定领到土地被统征后的生活补助费，许多住别墅的农民为了生计,不得不离开别墅,举家外出打工。

一些农民气愤地说:有的基层干部胆子太大,国家的好政策都让他们给糟蹋了。

专家认为:个别地方基层干部不是把精力放在落实政策上,而是挖空心思走形式,弄虚作假,欺上瞒下。这种行为如果任其泛滥,再好的政策也难以产生好效果。

一些农业专家建议,减少基层截流惠农资金必须多管齐下,例如可改进补贴方式;加大对乡镇和村级的转移支付力度;严肃查处侵占挪用行为等。

对问题的严重性中央显然是有足够认识的。

2007年3月16日记者招待会上,温家宝总理就意味深长地讲到:"解决民生问题,要有制度的保障。我们免除农业税和农业特产税是立了法的;我们实行免费的九年义务制教育是立了法的;我们将要开始的实行覆盖城乡的低保制度也要用法制保障。有了制度,就不会轻易改变。"

各地农民都盼望国家制定出有力的、切实有效的、合情合理的监管制度,保障惠农政策落实,让一项一项惠农政策能真正造福乡村,造福农民。让民生礼包真正落到农民手中。

第七篇

下乡手记

乡上干部说，由于山区道路崎岖，班车通不了，大车常常进不去、出不来，现在蹦蹦车不但成了山区重要的交通工具，而且还成了农家生产生活的重要帮手。一个普通的山区村子，蹦蹦车往往有几十台之多。

下 乡 手 记

一、后河村

“后河村”,这是一个引人联想的名字。在干旱缺水的陇东,和河能联系在一起的村名不多,有些村名虽然和水沾边,如甜水堡、毛井、洪涝池、苦井滩、山河咀,其实很缺水,更多的是一种对水的希冀和期盼。

后河村位于宁县长庆桥,准确的叫法应该是叶王行政村后河自然村。村子坐落在蒲河边上,蒲河流到这里,转了一个大弯。从西面的西王塬边望下去,后河村像个小岛,蒲河绕着山根流成个“C”,户数不多的居民便集中地住在岛中央。普通的人来到这里,站在塬边或半山向下看,感觉这里地形很独特,山清水秀,山环水绕,居民古朴,环境清幽,是消闲避暑的好去处。据说懂风水的人看过却感觉大不一样,他们认为这里不但有灵秀之气,而且暗含阴阳八卦。

后河村是个孤岛,要到前边的村子去,得蹚水过河。蒲河是条大河,平常水量就大,到了汛期,洪水更怕人，有时让后河村的人十天半个月难以出门。十年前,县水利局为了前河的村子灌溉方便,在河上修了一座大渡槽,既可通水,又能过人,后河村与外界一下子沟通了。

住在这巴掌大的小岛上，后河村人除了种地,再没有其他营生可干。他们很羡慕前河的村子,那里不但离镇子近,地势开阔,而且有一眼自流的热水井和一个小电站。热水井是 20 世纪 80 年代地区打井队打的,出口水温 28℃,水量也很大,净直径八寸的管子往外涌。有了这眼自流的热水井，前河村子里吃水、灌溉、洗衣方便多了。从此,再没人打蒲河的主意。水电站是 20 世纪 60 年代的产物，现在拍卖给个体经营，虽然房子和设备破破烂烂,但效益很好,电站的站长很神气。发电用水是从过山隧洞自后河引过来的,今年电站为了增加水量,在后河建起了拦河坝,前段时间机器轰鸣,昼夜施工。后河村的一些青年被雇去做小工,电站的事便很长一段时间被村里人挂在嘴上。

六月份,川里麦子黄了,山边已经开镰收割。跟着麦子熟了的是杏子。这里杏树多,山坡上、庄前屋后、大小路旁到处都是绿云一样的杏林,随便扔块石头或在树上蹬一脚,黄澄澄的杏子便会雨点般落下来。后河村的人很大气，只要你愿意，杏子可以随便吃。

一天，镇干部领着一群人来到后河村，给村子里的人介绍说，来人是省水质勘探研究院的找水专家，他们想在这里寻40℃以上的地热水，然后发展洗浴及旅游度假产业。村里人听了很兴奋，感到冥冥之中的希望快应验了。他们热情地围住来人问这问那，忙着为物探拉扯电线，平时几个见了生人就狂吠不已的看家狗，也一收往日的威风，在人堆里温顺地钻来钻去。后河村人没有吃饭串门的习惯，这几天吃饭时，他们一个个一反常态端着老碗走出院门，远远望着勘探院的人忙活。

找水的人走了，后河村的人却平静不下来，他们互相打听着，期待着找水人能早点给一个说法。

二、天池一日

天池乡是环县中南部的一个偏僻乡镇，距县城70公里，近50公里是坑坑洼洼的山路。这里山大沟深，植被稀疏，黄尘喧天，满眼是沟，遍地皆沟，沟连着沟，沟接着沟，大沟纵横，小沟交错。生活在这乱沟中的1.9万人，有半数多从来就没进过县城。前几年这里不通车，乡街道、村部就是他们心里的城市或最繁华的地方，乡长、村长就是他们眼里的大官。

在环县，干旱季节吃水依然是一件难事。

我们中午1点从县城乘车出发，下午2:30才到天池乡境内，远远看见乡上的干部在天池乡与合道乡交界处的一个山咀等着我们。

此行的任务是验收农村人畜饮水工程。近几年，国家大力扶持农村安全饮水工程建设，环县是要重点解决的地区。具体到天池乡，修建的全部是集流场和蓄水窖；也就是说，按国家政策和补助标准，天池乡每个农户应建成一个100平方米的集流场并配套一个30立方米的水窖。和环县大部分山区一样，天池乡也是降雨稀少，缺乏地下水，地表又多是苦咸水，驴喝了都拌嘴。这里的老百姓祖祖辈辈都吃窖水，就是把降雨蓄积到土窖里，经过沉淀、发酵，然后用桶吊上来供人畜饮用。所以，环县山区家家都有几眼土窖，土窖也因此成了山里人重要的生产生活资料或者说是家产，人们也把水窖数量作为判别家境好坏的标准。正常年份日子都这样勉强过，但遇到干旱年，窖里收不上水，人们只好到十多里远的深沟去驮水或到几十里远的山外用几十元甚至上百元一方的价钱买水，再由蹦蹦车拉回来灌进水窖里慢慢用，其艰辛状况城里人和富水地区的人是根本无法想象的。

按地名推测，天池是个水灵灵的名字，怎么说都应该不缺水，而且该是一个比较大的湖。但走遍天池乡，除了光秃秃的山连着山，看不到一汪水。天池乡的干部们也不知道这名字是怎么得来的，也许是一种希望或期盼吧！

站在一座山头上向下瞭望乡政府所在地，我才恍然大悟。原来乡政府坐落在一个奇特的山坳里，四周秃山环绕，恰好构成一个盆地，遗憾的是看不到一点水，像流干了水的大盆底，天池肯定由此而来。

关于吃水的故事，环县流传了许多版本，有的有趣，大多数令人听之心酸。

说有姑嫂俩，约好一起进城赶集。到了集日，小姑子特意洗了脸，嫂嫂却因故不去了，小姑子不高兴地抱怨说，我把脸都洗了，早说不去，就不糟蹋那些水了。

另一则说，某年虎洞乡政府组织供水车送水，到了一个庄头，先抽出一桶想验验水质。此时，人群中钻出来两个小男孩，他们是小学生，长时间没有洗脸了，小脸上全是黑垢，只有牙齿隐隐露出白色。他们二话不说，同时冲向水桶，把头塞入桶里，咕咕嘟嘟痛饮一气，大约肚子快灌饱了，头仍在桶中，却把脸偏出来，朝人们傻笑，就是不忍让头离开水。那是风华少年的笑，很甜。作为一种资料，听说这张照片至今还保留在县委报道组里。

吃水对于环县来说，几百年来演绎了一段悲壮的历史。仅近几十年来，环县人为打井、打窖、井底清淤

在环县农村，大部分农民仍然住在窑洞。

塌方致死致残者，不下千人，大多有名有姓。

我们的来意县水务局的同志昨天在电话上已告诉乡上了。按验收办法，我们应该随机抽查7个行政村50多个自然村300多个农户。

我来过环县几十次，多数乡镇都去过，但到天池乡还是首次。怀着好奇的心理，从邓塬村开始，我们一户一户现场抽查。

环县山村没有村庄的概念。由于地貌特殊，地域广阔，为了种地和出行方便，户与户之间距离都比较远，有的干脆一两户蹲守一座山头，看似不远，隔沟能喊见，但拐来拐去，爬高走低从这一家到另一家往往需要好长时间。从2点到6点，半天时间我们总共才跑了2个行政村20个农户。照此推算，把天池乡验收完竟然需要跑十天。看来，制定验收政策的人缺乏对下情的了解。

越是偏远落后的地方，民风就越是淳朴、厚道。见我们一行人来了，老百姓们忙忙从院里、窑里跑出来，又是让座，又是让喝，一脸真诚。只有家家的守院狗好久没见过这么多生人，极尽忠诚，狂吠不已，让寂静的山乡一片喧闹。

乡党委周书记和乡政府慕乡长都不过40岁，他们对验收工作非常配合,每到一户,情况都叫农户自己提供,从不让村干部替答。两个乡领导说,自己干过的工作自己心里有数,踏实着哩!你怎么查,怎么问,都不会出破绽。

晚上回到乡政府,周书记和我谈了许多农村工作的实际情况,这是我们这些市里坐机关的干部想象和体验不到的。他虽然年龄比我小,但在吴城子乡干了5年乡长,到天池乡任书记也有4年了,长期的基层工作历练,显得成熟而老练。

乡政府房子本来不多,最近又分配了几个大学生,加上这里交通不便,干部们晚上大多回不了家,所以没有预留招待客人的空房。周书记把办公室让给我们住,慕乡长也把办公室让给了县水务局的同志。

我问他们怎么办?周书记说,他们晚上还有行动,几个村有6个纯女户需要做结扎手术,山里人观念传统,他们晚上得亲自上门做工作。县上今年给他们乡下达了16个纯女户绝育任务,如果完不成,就一票否决。

想到白天山路上的大坑和尘土,想到通村小道又窄又陡隐藏的危险,我为他们感到担忧。

10点了,躺在周书记温暖的大床上,我想象着,他们此刻一定开着大灯,双手抓着扶手,双眼紧盯着前方，在艰难地赶路。

三、父亲的花房

从长年面朝黄土背朝天到放下铁锹、锄头进城经商，父亲的人生在50岁时来了一个急转弯。像他这一代农民，能做出这样的决定确实不容易，按父亲的话说，那是生活所迫，是没有办法的选择。在外人看来，父亲是顺应时代大潮下海漂流了一段。正是这一漂，让父亲的后半生色彩明亮起来。

现在，父亲终于可以坦然地和花草虫鱼为伴了。

退回10年，父亲也不可能有如此心境。虽说那时他已年近花甲，却正在几个人合伙办的农资公司忙碌着，每天早上骑辆小巧的“80型”摩托车进城，晚上擦黑返家，风雨无阻。钱是挣了一点，四弟的几间砖房，大哥、三弟齐整的宅院，我的一套120平方米的楼房，妹子家的旧房翻修，或多或少都有父亲的心血。

后来，农资市场竞争日趋激烈，加之父亲年事已高，合伙公司财务和人事上出现了一系列的危机和裂缝。一大家人都力劝父亲歇手，父亲思之再三，最后决定重新注册了一家农资公司，大哥当了掌门人，三弟成了重要股东。扶着这个家族公司走了几程，看着稳当了，能独立了，父亲才慢慢放心把手抽回来。

到前年，父亲终于一点也不过问公司的事了，一门心思在家侍弄田园，整日和孙子们拌嘴、下棋、玩牌、做游戏、看电视剧。去年后季，我因工作忙，两个月没有回老家。一个周末，我回家突然发现院子里养了几十盆花，还有盆景点缀其间。我问父亲哪来的，父亲告诉我，三弟怕他寂寞，花是他从城里买回来的。这下点燃了父亲的养花热情，他随后自己跑进城里又买回来几百元的花盆，有瓷的，有瓦的；有方形的，有圆的；有高的，有矮的；有大的，有小的；有白色的，有蓝色的，摆了半院。

老家没有暖气，冬天靠火炕和火炉子取暖，父亲的那些花显然难以度过寒冷。为了花儿越冬，父亲调动想象力，先是准备把花送到我城里的家里，母亲坚决反对，说娃就那么大点地方，你那一堆宝贝能放得下？他又想把花放进苹果窖里，花根肯定是冻不死，但叶子和娇嫩的茎呀枝呀肯定会被摧残，还是不行。后来父亲决定盖个花房，地点就选在上房南墙根。他请来匠人，托人买来砖、水泥椽和塑料薄膜，花了两三天时间和三千多元的代价，硬是把花房盖成了，房子有5个平方米大，顶上铺着透明的塑料膜以保证阳光通透，除了通气孔，门封闭得很严实。

暮秋，父亲把他的花儿一股脑儿端进去，高低摆放，错落有致。进入冬天，每晚要放下房顶的草帘子保暖，白天又及时卷起。到了数九寒天，花房再放进电灯泡提高温度。母亲说，五个儿女，七八个孙子、孙女，也从没见他这么精心过。在父亲的精心照料下，一个冬天过去，百分九十的花都生长茂盛，一些花竟然迎雪怒放。这让满头银发的父亲无比快慰和骄傲。

今年，虽然天旱，但父亲的花一盆比一盆招人喜爱。院子里、房台上、花墙上、苹果树下，到处都是花盆，到处都是花儿，到处都是生命和绿色。父亲已很少进城，他守着老宅，守着一群孙儿和他的花儿。他的这些花儿一天也离不开他，他也无法离开他的这些花儿。

作为一个农民，父亲是快乐的，至少是充实的。

四、蹦蹦车问题

四月下旬，我到环县樊家川乡了解旱情、灾情。这天正好是个集日，虽然旱情的严重触目惊心，一段一段的村路上溏土有一尺厚，一些村民行走脚上都套着长长的编织袋子，为了遮挡浮土，一些人头上还裹着塑料袋。但到乡政府驻地赶集的人依然不少，街道上一片热闹与繁忙。

和其他山后乡比起来，樊家川算是条件比较好

对山区农民来说，蹦蹦车是不可或缺的，但隐藏着巨大的危险。

的，离县城较近，乡政府又坐落在川道里，一条由北到南贯穿全境的安山川河既解决了两岸的灌溉问题，又为沿河群众提供了饮用水源。在缺水的环县，也只有安山川和南部的合道川水质较好，北部其他沟沟叉叉都是苦水。所以，这个时间到环县，到处像火烧过一样，弥漫着焦灼与惶恐，唯有合道川和安山川河依然清澈，仔细听还能听见水流激荡出的悦耳声响，也唯有合道川和安山川河沿岸的樊家川透出一股浓绿的颜色，让人感觉春天没有走远。

下午四点左右，一个赶集返回的蹦蹦车(农用三轮车)意外撞人后翻入距乡政府不远的沟壕，车上当时坐着10个村民，瞬间造成2人轻伤，6人重伤的惨剧。

当我听到这事并看过现场之后，不由感到一阵阵难过。我暗暗想，在这僻远贫困的乡村，这场突如其来的悲剧又会把多少家庭拖入苦痛。

乡上干部说，由于山区道路崎岖，班车通不了，大车常常进不去、出不来，现在蹦蹦车不但成了山区重要的交通工具，而且成了农家生产生活的重要帮手。一个普通的山区村子，蹦蹦车往往有几十台之多。

这让我想起去年秋季在华池县乔河乡遇到的一件事。那次我去参加一个同事母亲的葬礼，当时也很干旱，山上看不见多少绿色。我们挥汗爬了大半架山，才赶到同事的老家。那里山势高，海拔近两千米，隔山远望过去，能隐约看到环县八珠乡的山头。同事家里五间砖木结构的新房子引起了我的注意。我发现，在这道路蜿蜒的大山上，能有这样漂亮房子的人家不多，关键是即使你有钱，砖瓦和木料也运不到山上来。

同事的父亲告诉我，盖这几间房，运料让他吃尽了苦头，他硬是用蹦蹦车一趟又一趟从山下把砖瓦和木头拉上来的，整整拉了三个月时间，因为路太陡，一次只能装三几百斤，但比毛驴驮强多了。如果没有蹦蹦车，这房子根本盖不起来。我问他："这么陡的路，你开蹦蹦车上下跑就不怕？"他回答："没办法呀！"

有村民插嘴开玩笑说，人们都把蹦蹦车叫"328型"，意思说，蹦蹦车是三个轮，"二杆子"开，"八成人"才敢坐。

现在乡下蹦蹦车多，车祸随之增多。山里人粗犷豪爽，好给人帮忙，顺路有央求搭车的，能拉就拉上，开车的人胆儿大，坐车的人胆儿也不小。在山路上能随处看到满载着人的蹦蹦车横冲直撞开过来，扬起一路尘烟，惊得山坡上吃草的牛羊抬头张望。看开车人飞扬的神采，感觉一定很好，而惨祸也就往往在这种情况下发生了。

看来，山区的蹦蹦车是一个值得重视的问题。

五、挥之不去的旱情

环县是全省有名的干旱县之一，历来缺水。20世纪80年代以来，由于气候变化，更是十年九旱，旱期最长可达408天。北部缺水农民被迫从100公里外的干旱依然是影响环县发展的重要因素。

从公路上，就能看清干旱的严重程度。

宁夏畜驮、人拉往回运水，每方水价高达100元左右，真到了“水贵如油”的地步。

去年环县北部13乡镇在各方的大力支持下，与天抗争，奋力抗旱，建成了两万多处集流场和两万多口水泥窖，使十多万农村人口的饮水困难基本得到缓解。

县北的吃水问题初步得到了解决，但县南八乡镇今年的吃水矛盾又凸现出来。如果不是亲身经历，很难想象，遭受了近七十年来最严重旱灾的乡村是怎么一幅情景，居住分散而又偏僻的群众在炎炎烈日下又在经受着怎样的磨难。

2005年4月28日，我们和环县水务局的同志一道检查水库汛前的准备情况。去唐台子水库时，县水务局司机建议顺着川道走，说这样不但路况好，而且距离近。他开着猎豹车在前面带路，我们坐着三菱车紧紧尾随，车一会儿过河，一会翻山，几处险象环生。返回时我们执意走大道，市上的几个同志都认为，大道是合道乡政府直通县城的县乡路，想一想也不会差到哪里去。

实地一走才发现县上同志的选择是对的。由于连年干旱，大路上不但坑多而且尘土足有几寸厚，跟在车后面，视线不足 10 米远，远远望去，开过的哪里像汽车，烟散土雾简直像过重型坦克。

看到的树大都是二十世纪五六十年代栽植的，总也长不大，老百姓都叫它“铁老汉”。虽然也有一片一片的成了林，但叶子一律无精打采；一台台或一垄垄冬小麦由于大量缺墒，个子矮矮的，叶子都发了白，稀稀疏疏的样子像脱发男人的头顶；留出来种大秋的地块，早被梳理整齐，但干透了的土地无法接纳种子，伤心的种子只好翘脚站在农家的窑洞里苦待降雨来临。

在环县，吃水比吃粮艰难。合道乡赵原村李崾岘自然村李建良老汉说：他三个儿子，每人有 4 口水窖，去年后季由于栽苹果树用了些窖水，三家到过年就都已断水，几个月来只好去二三公里外的沟底用蹦蹦车拉或用毛驴驮水吃。他说，全村 5 个自然村，1500 多口人，现在几乎家家如此。连续四年干旱，村里吃粮也出现了问题，百分之三十的人家没麦子吃了，剩下的都是些粗杂粮。现在到农家去要个馍还可以，要水喝还真难为人。该村赵原自然村赵文敏 8 口人，有 8 口窖，都基本干涸，吃水就成问题。

环县水务局司机米师傅说，合道乡刘原村在环县算条件好的地方。他家所在的自然村 30 户人家，只有

3 户没有买麦面，其他 27 户都在买麦面吃。

县水务局谈副局长刚从樊家川乡乡长任上调回，对眼下农村的实际情况了解得比较多。据他掌握，由于连续四年歉收，全县农村百分之五十的农户已缺粮，如果旱情持续发展，真是个大问题。

资料显示，去年环县降雨量为 258.1mm，是有气象资料 50 年来最少的；全年平均气温 10.4℃，是有气象资料 50 年来最高的。去冬县北干土层达 1 米以上，县南 0.6 米以上，而且西北部未出现冻土层，属历史上罕见的，这一个最少，一个最高，一个罕见，足以说明环县旱情的严重程度。

面对干旱，环县干部群众没有等待观望，而是选择了群策群力，主动抗争。一年两年尚可维持，三年四年仍能苦撑，如果老天持续不依不饶，环县该怎么办？

六、陪母亲走亲戚

母亲已年过花甲，作为农村妇女，除了平日到邻居家串串门，偶尔走走亲戚，她已经很少出远门了。

周末的一个上午，母亲突然从乡下打来电话，说舅姥爷家的一个表叔得了重病，让我陪她去看看。对母亲的这点要求，我是没有理由拒绝的。

我老家在城东，舅姥爷家正好居城西，两点距离不过十公里,坐车四十分钟就能到达。

由于城西油井多,所以主干道都是柏油路。一路上,母亲隔着车窗望着深冬光秃秃的原野,述说着一些年轻时的往事。说话时间过得快,只一会儿,车子就进入舅姥爷家的村子里。指着路两旁的房子,母亲介绍说这家是谁,那家又是谁,总之全是亲戚。其实,这条路我来回走过很多次,全都是坐车一晃而过,竟不知路旁还有这么多的亲戚居住着。

“到了。”母亲说。在一个院门前,我们正在下车,门里出来一个50岁左右的汉子。母亲说:“这就是有有,有病的就是他。”叫有有的表叔也认出了母亲,忙姐长姐短地把我们迎进了院子,又引进了房子。

这是一个典型的陇东四合院,院坪没有硬化,由于入冬以来一场雪未落,所以感觉到处都是浮土。坐北朝南的三间应该是上房,门锁着,看上去好久没有住人;南边有两间简易房,陇东叫厦子,堆着杂物;西边是一溜猪圈,几头猪吭哧吭哧地撞着铁门,寒冷的空气里弥漫着一股浓烈的尿臊味;只有东边的三间房子住人。房子是通间,炕几乎占去了三分之一的面积,对门摆着一个破旧的沙发,进门靠右还有一对双人沙发,也一样破旧不堪,从表面能清楚地看见里面的弹簧立的立,倒的倒,像战场上刚溃逃出来的一帮散兵游勇。上眼的家具是墙角的一台大立柜,但镶嵌其上的衣镜表面厚厚的尘土让人感觉许久没人动过。

有有表叔对于我们的突然到来缺乏思想准备,显得手脚无措,又是拉扯床单,又是掸沙发上的浮土,一双粗糙的大手揉搓着,不知该放在何处为妥。他从墙上取下一个装 X 光片的塑料袋子, 里面有他在西安住院时的诊断与检查结论。医生的字写得很潦草,但"Ca"两个字母清晰可见。有有表叔认字不多,他说医生说他是肺部感染,在西安治疗了一段时间,现又在市上医院化疗,他已经感觉好多了。罢了,他问我,他到底是啥病,诊断书上医生怎么说?望着母亲,我不知该做何答,"肺癌"这两个残酷的字眼我是无论如何当着病人也说不出口的,只得支吾着以医生的字看不清为理应付。

"你们不用为难,其实病情他都知道。"坐在对门沙发上切萝卜条的表婶接过话茬,"都是在西安当民工时累出来的,你想想,一个大活人,三个月窝在地下室干活不出来,能不得病吗!"有有表叔在一旁也唉声叹气:"有啥办法,儿子要结婚,房子要翻修,为儿子找工作还拉下一屁股债，这些都要钱。不出去挣钱，不出力下苦，能行吗?!"

母亲坐在炕沿上，听表叔、表婶你一言、他一语述说儿子如何在兰州上大学，后来又如何托人花钱在天水市找到了一份教师职业。说到儿子，表叔两口子立马有了精神，好像儿子就是他们的势，他们的魂。听他们说，他们儿子也就是我未谋面的表弟前一阵子带对象回来过，一来是看望病中的表叔，二来是表示婚姻有了进展。表叔自然满心欢喜，很快定了婚期。这不，表婶已经忙着开始筹备了，她切的萝卜条就是准备在过喜事吃面时做菜碟用的。

我发现表叔看上去不像重病人，但一阵一阵还是喘息加重。

说话间时间已过了一个多小时，母亲说我下午单位有事，耽误不得，要赶回去。有有表叔两口子急忙挽留。

上车时，有有表叔让我顺路带他一程，他要到村口商店看看儿子结婚用的烟酒，而且再三叮嘱母亲，过老年儿子结婚时一定要来。

望着表叔远去的背影，母亲突然落下了眼泪。

"唉，这娃!"母亲深深地叹息着。

盖上五间砖瓦房,是许多农民一生的期望。

七、慧艳

慧艳家的五间砖瓦房盖起来了,坳西的人都感到很惊奇。

慧艳家在坳东,离沟很近。

这几年慧艳家的日子过得很艰难,除了两亩苹果园,再没有任何收入来源。全家四口人挤在两孔三十年前的土箍窑里。箍窑为陇东一带特有的建筑,外形很像安架房,其实全部用土坯和麦草泥垒成,虽说冬暖夏凉,但建起来费工费力,上世纪80年代后,农村再没人家建造土箍窑。过二三十年,现存的土箍窑像乡下老城墙一样，都将变成一堆文物，这是后话。

2008年5月12日四川汶川大地震，陇东一带也死了几个人。慧艳家的土箍窑顶被震开了两寸宽的缝子，基础也明显下沉，眼见没法住人了。慧艳愁得吃不下、睡不着，嘴皮结成了一层干痂。靠亲邻帮忙，一家人只好搬到院南两间原来堆放杂物的厦子里勉强度日。

几年前，慧艳也有一个幸福美满的小家庭。那时，丈夫耿存刚三十岁出头，年轻力壮，农忙时节两人叽叽喳喳埋头在自家承包地里绣花一样侍弄庄稼，农闲时耿存就开上三轮车进城跑运输。一年下来，除了开销，总能结余万儿八千。虽说起早贪黑辛苦了点，但日子却像架上的豆蔓一天比一天高半截，两口子自然满心欢喜。在外人看来，他们没费多少劲，五间砖瓦房就盖起来了，而且是一砖到顶，瓷砖贴面，彩砖铺地，钢门钢窗。庄户人家谁看了都会心动。

然而造物弄人。2001年夏天，耿存开车时开始感觉手脚有点麻，后来发展到头剧烈疼痛。村里的医生说是感冒了，吃点药，输点液体就好了。谁知拖过一星期，病情急剧恶化，慧艳求人赶忙往市里医院转。

诊断结论让所有人都吃了一惊，耿存得的是急性脑梗塞。由于救治不及时,引起脑出血。尽管病情没有发展,但还是留下了严重后遗症:反应迟钝,说话口齿不清,左胳膊和左腿无法用力。好端端的一个小伙子从此变成了残废,好端端的一个家庭倒了顶梁柱。

屋漏又逢连阴雨。耿存的病让慧艳的生活一下子跌到了谷底,更愁倒了上年纪的父母亲。慧艳公公婆婆本来就患有高血压和心脑病,猝不及防的沉重打击,让两个老人一下躺倒了。慧艳本身就单薄,经历这一变故,她当时觉得再无力支撑这个家庭。

几千年来,诸多乡下人都把灾难归咎于神鬼作祟,特别是对于疾病,医院看不好的,他们只好去拾爷、问巫,向神鬼求救。耿存的病一年了还不见好转,家里又连遭瞎事,慧艳娘家人自然坐不住。他们到处问神,最后把原因归到慧艳家新房朝向不对上。到了这份上,慧艳也不知道听谁的好。一边是娘家人要强拆房,一边是婆家族里人劝说盖房不容易,拆不得。最后慧艳娘家人发了狠,说谁挡这事,慧艳家今后再有啥灾啥难,谁就出面负责到底。这下,婆家族里没人敢说话了。谁能保证一个家庭永远能平平安安。就这样,慧艳家的五间新房瞬间被娘家人拆得七零八落，过路人一打听原委，没有不摇头叹息的。

对于慧艳两口子来说，拆倒的好像不是五间房，而是他们全部的精神支柱。之后的日子里，人们仍然能见到耿存一个人在庄前的土路上一瘸一拐地行走，但很少听见他与人说话，更难以置信的是三十几岁的他，头发竟然开始花白了。慧艳本来就不讲究打扮穿戴，这下越发邋遢了，早上起来抹一把脸，然后急急下地侍弄庄稼，十点钟回来做早饭，等两个孩子上学了，又进果园忙活。一到开春，果园里总有忙不完的活：施肥、浇水、松土、打药、疏花、疏果、套袋，耿存出不了力，只能围在旁边打下手，慧艳只好像上足了发条的钟表，一个人打转转。繁重的农活和家务折腾得她又黑又瘦。她顾不了许多，头发乱了，鞋子破了，衣服旧了、脏了，她照常在村里人面前进进出出行走。

对耿存她已经不抱指望了。前年婆婆去世了，她对公公说，不怕，有她哩，无非日子难点。明眼人都看得出来，她把心思和希望寄托在了儿女身上，看着一双儿女一天天长大，比自己都高了，她一定感到一切劳累都没有白费。

去年国家扶持灾民建房，慧艳领到了一万元补助。

她对耿存和公公说,为了这个家,她想把拆了的房子盖起来。在残疾丈夫和老公公期待的目光里,她硬是干成了,一个弱女子,让一个破碎的家庭迎来一片阳光。

后记

我原本没有成书的打算，只想把平时对“三农”问题的一些思考写成短小的理论文章，通过报纸杂志发表出去与读者分享，如此而已。但是随着接触增多，我发现要思考的问题越来越多，这让我欲罢不能。

农村是一个古老而令人神往的地方；

农民是一个庞大、勤劳、艰辛得让人不得不牵挂的群体；

农业是一个千年人间正道，至少三千年来是中华民族的立国之基。

翻家谱看，我的祖辈都与农为伍，我也出生在农村，父母都是地地道道的农民。二十岁后我才离开家乡到外地求学，参加工作这二十年间，更是累年在山里、川里、塬上奔走，农民的喜乐与哀怒，农村的巨变与困顿，农业的艰难与窘境，让我欣喜，让我彷徨，我迫切地想把知道的一切连同看法告诉大家。

反映“三农”问题,对我来说,最致命的弱点是居西北偏僻一隅,又站在市级这个层面上,看到的现象,调查得来的材料,局限性很大,也许只能代表点,不能代表面。虽如此,但我感到,一个地方三十年改革开放的风雨历程和发展变化,折射出的却是一个国家、一个民族和一个时代的历史。它应该对力倡改革、力促发展,对关注“三农”、关注民生的人们有所启发。也许我把自己这点文字的功用拔得太高了。

江苏华西村的老书记吴仁宝说:“华西的幸福标准有三条:生活富裕,精神愉快,身体健康,这三条一条也不能缺。”一位以色列驻华大使认为:“中国的农民和世界上许多其他地方的农民不一样,中国的农民很实在。”说白了,就是说中国的农民容易满足,要求不高。而中国农民又是世界上最大的群体,全世界每6个人中,有1个是中国农民,全世界每3个农民中,就有1个是中国农民。中国的基本国情和基本问题,说到底是农民问题。中国现代化过程,任务最艰巨的是改变农民。影响中国历史最深层的力量,还是农民。正因为如此,我们不得不关注“三农”、研究“三农”,不得不把破解“三农”问题当成一件大事。

编入本书的文章最早的写就于2004年,大部分曾经在报纸杂志上发表过。由于时过境迁,有些观点可能过时了,有些时间也可能不对了,只希望问题表达清楚了。

感谢胡彦麟先生在书稿打印、校对、插图等方面对我的大力帮助!

共和国60华诞大庆在即,衷心祝愿祖国繁荣昌盛,人民幸福安康!

2009年4月15日于西峰